英語教育 21世紀叢書

英語語彙の
指導マニュアル

望月正道・相澤一美 ＿＿＿著
投野由紀夫

大修館書店

はじめに

　英語の学習で何が大変かと問われれば，単語を覚えることと答える人が多いのではないでしょうか。新聞を読んでも，小説を読んでも，知らない単語に出会わないことはありません。もちろんおおよその意味の見当をつけて読み飛ばしてしまうことが多いのですが，その語の意味がわからないとテキストの概略もわからないとなると，辞書を引かざるをえません。英語学習者にとって，語彙の学習は一生続くものでしょう。

　英語を教える立場では，語彙に対する関心が10年ほど前から高まってきています。国内外のジャーナルや学会で発表される語彙に関する研究は増加の一途をたどっています。学習者がどれだけ多くの単語を知っているのか，ひとつの単語についてどれくらいよく知っているのか，単語についての知識はどう発達していくのか，などについて，新しい知見が得られるようになりました。語彙の大きさと4技能の関係なども詳しく調査されています。また，大規模なコーパスをもとにした研究も見られるようになりました。コーパス頻度から語彙表を作成する，コロケーション関係を調べるなど，コーパスに基づいた語彙研究はますます盛んになっていくと考えられます。

　その一方で，語彙をどのように指導するかについては，まだ十分議論されているとは言えません。語彙の指導に関しては，「単語は辞書で引かなければ身につかない」，「訳語を教えて覚えさせるのはよくない」，「単語集で覚えた単語は使えない」，「単語は文脈内で提示しなければならない」，「未知語は推測させるべきであ

る」というようなことが経験知として言われています。しかし，残念ながら，これらは実証されてはいません。ある実証研究では，文脈から推測するよりも，訳語をリストにして覚えた方が，語の定着がよかったことを示しています。これは，文脈から推測できない場合があったためと考えられます。別の研究は，読解テキストの単語に正確なひとつの注をつけた場合と，正確な注と錯乱肢の注という複数の注をつけた場合では，複数の注をつけた方が，その単語の意味の定着がよかったことを示しています。この結果は，単語の意味を複数の注の中から自分で考えて選ぶという心的作業が単語の保持に関係したためと考えられます。このような実証研究の成果を語彙指導に活かせないだろうかという考えが本書執筆の原点にあります。すなわち，語彙研究の理論を語彙指導の実践へ応用したいと考えています。

　本書は，6章から成ります。第1章「単語とは」は，単語の定義，単語の数え方を中心に扱います。英語母語話者の語彙の大きさ，日本人英語学習者の語彙の大きさ，語彙指導の参考にできる語彙表について述べます。第2章「単語を知っているとはどういうことか」は，語の知識の諸側面について考察します。単語を知っていることは，発音，綴り，語の構成要素，意味，概念，連想する語，文法，コロケーション，頻度，使用域という諸側面について知っていることになります。このような語の知識の側面について考えます。第3章「単語はどうやって覚えていくのか」は，語彙習得についてです。母語話者の語彙習得，第2言語学習者の語彙習得，受容語彙と発表語彙，偶発的習得，習得しやすい語などについて考察します。第4章「単語はどう教えたらよいのか」は，語彙指導についてです。指導すべき語の選択，単語の導入・定着・発展のための活動，直接的語彙指導について考えます。第5章「語彙指導にコーパスを利用する」は，コーパスを用いた語

彙指導についてです。コーパスの紹介，コーパスを利用するソフトの紹介，そして，コーパスを使った語彙指導について考えます。第6章「語彙はどうテストするのか」は，語彙知識の測定についてです。語彙サイズのテスト，語彙知識の深さのテストを紹介したあとで，目標準拠テストの作り方について考えます。巻末に，語彙サイズテスト（望月，1998）を掲載しました。ご活用いただければ幸いです。第1章から第5章は，節ごとに「まとめ」があります。第6章は，テストの紹介という性格のため，「まとめ」は設けてありません。第2章と第3章には，節ごとに「指導へのヒント」を設けました。第1章，第2章，第6章を望月が，第3章と第4章を相澤が，第5章を投野が担当しました。

　語彙を指導する場合，さまざまな方法が考えられます。既成の考え方にとらわれず，目的に応じて適切な方法を取捨選択していくのが望ましいでしょう。その意味で，本書が語彙を指導する際のヒントになることを願っています。

　最後に，企画から相談に乗っていただき，本書を上梓まで導いてくださった編集部の小林奈苗さんに御礼申し上げます。

　平成15年8月

　　　　　　　　　　　　　　　　　　　　　　　　著者一同

『英語語彙の指導マニュアル』目次

はじめに ———————————————————— iii

第1章 単語とは何か   3

1. 辞書に載っていれば1語？ ———————————— 3
2. die は1語？ pass away は2語？ kick the bucket は3語？ ———————————————— 8
3. happy, happily, happiness, unhappy, unhappily, unhappiness は6語か，それとも1語？—— 11
4. 学習指導要領とレベル別多読用教材の
語彙数の計算方法は？ ———————————————— 14
5. 英語母語話者の語彙数はどのように調べるのか ——— 19
6. 英語母語話者は何語知っているのか ———————— 24
7. 効果的な語彙指導のために必要なことは何か ——— 28

第2章 単語を知っているとはどういうことか   31

1. 見ればわかるが，聞くとわからない，
書けない，話せない ———————————————— 31
2. 語を読むスピードはどれくらい？（音声・綴り）—— 36
   2-1 どれくらい速く話し，聞き取っているのか —— 36
   2-2 どれくらい速く読んでいるのか ———————— 38
3. 語の構成要素の知識はどのような働きをするのか —— 41
4. 意味を知っているとはどういうことか（語形と意味）— 44
5. peach と lemon はどう違うか（概念と指示物）— 47

6. mountain と聞いてイギリス人が連想する語は？（連想）──────51
　　6-1 同意語──────52
　　6-2 反意語──────54
　　6-3 上下関係──────56
7. heavy sleeper は体重の重い人？（文法的機能・コロケーション）──────61
8. police officer, cop, bobby はどう違う？（使用域・頻度）──────66

第3章 単語はどうやって覚えていくのか　　71

1. 単語はどのようなプロセスで学習しているか──────71
　　1-1 母語の語彙習得プロセス──────71
　　1-2 第2言語の語彙習得プロセス──────75
　　1-3 形態論的知識の獲得──────78
2. 単語の意味を知っていれば，使うことができるか──────84
　　2-1 受容語彙と発表語彙の質的相違──────84
　　2-2 受容語彙と発表語彙の数量的変化──────87
3. すぐ覚えられる単語となかなか覚えられない単語──────90
4. 何回出会えば単語は覚えられるのか──────94
5. 無意識のうちに単語を覚えている？──────97
　　5-1 意図的学習──────97
　　5-2 偶発的学習──────102

第4章 単語はどう教えたらよいのか　　107

1. 教えるべき語と教えない語の区別──────107
　　1-1 教科書の新出語の頻度──────107

2. 導入・定着・発展にはどんな活動があるか ―――――― 111
　2-1 語彙の扱い方を決定 ――――――――――――――― 111
　2-2 リーディング中心の導入例 ――――――――――― 114
　2-3 オーラル・イントロダクションでの導入例 ――― 117
　2-4 単語の意味を導入する方法 ――――――――――― 120
　2-5 定着のための活動 ――――――――――――――― 125
　2-6 発展のための活動 ――――――――――――――― 132
　2-7 定着と発展の活動の総括 ―――――――――――― 136
3. 語彙の直接的学習の方法 ―――――――――――――― 138
　3-1 トピック別や頻度順の語彙学習 ―――――――― 138
　3-2 カタカナ英語を利用した語彙学習 ――――――― 141
4. 電子辞書は有効か ――――――――――――――――― 143

第5章 語彙指導にコーパスを利用する　145

1. はじめに ―――――――――――――――――――――― 145
2. 利用できる英語コーパスの種類 ―――――――――――― 147
3. コーパスを入手する ――――――――――――――――― 148
4. 検索ツールを準備する ―――――――――――――――― 152
　4-1 商用コンコーダンサー ―――――――――――― 153
　4-2 フリーウェア ――――――――――――――――― 156
5. 検索の実際（オンライン・コーパス編）――――――――― 157
6. 検索の実際（デスクトップ編）――――――――――――― 165
　6-1 頻度リスト作成 ―――――――――――――――― 166
　6-2 コンコーダンス ―――――――――――――――― 167
7. コーパス・データをどのように利用するのか ―――――― 170
　7-1 学習語彙の選択・重み付け ――――――――――― 170
　7-2 発表用語彙の選定 ――――――――――――――― 172

7-3　英作文指導と評価の資料 ——————————— 175
8. 学習者コーパス研究 ————————————————— 177
9. まとめ ————————————————————————— 178

第6章 語彙はどうテストするのか   181

1. 受容語彙サイズはどうテストするのか ——————————— 181
2. 発表語彙サイズはどうテストするのか ——————————— 188
3. 語知識の深さはどうテストするのか ———————————— 195
4. 認知速度はどうテストするのか —————————————— 200
5. 語彙テストはどう作成するのか —————————————— 201
　　5-1　目標の設定 ————————————————————— 202
　　5-2　形式の決定 ————————————————————— 202
　　5-3　テスト項目の選定 —————————————————— 203
　　5-4　目標語の提示 ———————————————————— 206
　　5-5　選択肢の作成 ———————————————————— 207
　　5-6　結果の解釈 ————————————————————— 207

英語語彙サイズテスト ——————————————————— 211
参考資料 ——————————————————————————— 227
参考文献 ——————————————————————————— 231
索　　引 ——————————————————————————— 242

英語語彙の指導マニュアル

1 単語とは何か

　語彙指導を考えるときには，何語教えるべきか，どのような語を教えるべきかというような疑問を教師はだれでも抱きます。その場合，何が1語であるかを明確にしないと，中学校3年間で900語を教えると言っても，大きな違いが生じてしまいます。3年間で900語を学習する中学生には，レベル別多読用教材は700語で書かれているとされていても，むずかしいものでしょう。これは何を1語とするかの定義の違いによります。

　この章では，英語の語彙を指導する際の基本である単語の定義と単語の数え方について考えます。さらに，英語母語話者がどれくらいの単語を知っているのかを知ることで，英語学習者が目標とすべき語彙サイズと，効果的な語彙指導について第1に取り組むべきことについて考えます。

1 辞書に載っていれば1語？

　私たちが単語と言う場合，普通，スペースで分かち書きされた単語を思い浮かべます。次の(1)(2)の文はそれぞれ何語から成っているでしょうか。

(1) My sister takes a guitar lesson on Wednesdays and a

piano lesson on Saturdays.
(2) My sister took a guitar lesson on Wednesday but did not take a piano lesson on Saturday.

　(1)は14語，(2)は17語です。では，a や on や lesson は使われるたびに，1語と数えてよいのでしょうか。「3000語のレポートを書きなさい」というような場合は，そのレポートの総語数が問題となります。したがって，そこで使われている語は何度使われていても，すべて1語と数えます。このように，延べ語数(token)が問題となるときは，すべての語は，繰り返し使われていてもそのたびに1語と数えます。(1)が14語，(2)が17語というのは，この数え方によります。それに対して，「チャーチルは6万語の語彙があった」とか「この読み物のシリーズは1000語の語彙で書かれている」のような場合は，異なる語の数が問題となります。したがって，同じ形の語が何度使われていても1語としか数えません。このように異なり語（type）が問題となるときは，同じ語は何度使われていても1回しか数えません。異なり語で数えると，(1)は11語，(2)は14語ということになります。私たちは，この2つの意味で「語」という言葉を使っています。

　では，takes と took はそれぞれ1語，Wednesday と Wednesdays もそれぞれ1語なのでしょうか。異なり語としては，すべて1語になります。ここでは，文法的な活用を除いた語をどう定義するかという問題を考えてみます。took という語を辞書で引くと，「take の過去形」という記述があり，その語義は載せられていません。Wednesdays は，辞書に掲載されていません。辞書は普通，活用形は見出し語とせず，原形のみを見出し語とします。これをレマ化する（lemmatize）と言います。辞書の見出し語になっていれば，独立した語と考えてもよいかもしれません。

しかし，これには問題があります。interesting という語は「興味深い，おもしろい」という形容詞として，辞書に見出し語として載っています。これが本来は interest という動詞の現在分詞だったと知るのは，英語の学習が進んでからでしょう。それでも動詞の活用形であるわけです。interested, excited, exciting も見出し語となっています。活用形でも独立した語なのでしょうか。いくつかの動詞とその過去分詞・現在分詞が，英英辞典や英和辞典に見出し語として載っているか見てみましょう。

　表1-1のように7冊の辞書を比較すると，excite は原形，過去分詞，現在分詞のすべてが7つの辞書で見出し語になっていることがわかります。しかし，それ以外の語は，7つの辞書で扱いがすべて同じものはありません。原形のみが見出し語になっているものや過去分詞のみが見出し語になっているのがあります。見出し語かどうかは辞書によって違います。これは限られたスペースに数多くの語を載せるため，頻度情報や汎用性を考慮して，辞書編集者が見出し語とする語としない語を個々に判断しているためです。flabbergast（びっくり仰天させる）を例にとれば，flabbergasted だけを載せている辞書編集者は，この形がもっとも頻繁に使われ，flabbergast, flabbergasts, flabbergasting という形はほとんど使われていないというコーパス情報を元にこの形だけを見出し語にする判断をしたと考えられます。一方，flabbergast だけを載せている辞書編集者は，原形の語義が与えられていれば，過去分詞や現在分詞の形で使われていたとしても，その意味がわかるという汎用性を考えて，原形を見出し語にしたと考えられます。したがって，辞書の見出し語になっているからと言って，独立した語と考えてよいかどうかは疑問が残ります。

　さらに困った問題があります。英語には多義語が数多く存在することです。bear には「熊」「運ぶ」「堪える」「産む」などの意

表 1-1　各辞書と見出し語

	LDOCE	OALD	CIDE	COBUILD	GENI	READ	PROG
astonish	○	○	○	○	○	○	○
astonished	○	○	○	○	×	×	×
astonishing	○	○	○	○	○	○	○
astound	○	○	○	○	○	○	○
astounded	○	○	○	○	×	×	×
astounding	○	○	○	○	○	△	○
excite	○	○	○	○	○	○	○
excited	○	○	○	○	○	○	○
exciting	○	○	○	○	○	○	○
exhaust	○	○	○	○	○	○	○
exhausted	○	○	○	△	○	○	○
exhausting	○	○	○	△	○	△	○
flabbergast	×	×	○	×	○	○	○
flabbergasted	○	○	×	○	×	×	×
flabbergasting	×	×	×	×	×	×	×
horrify	○	○	○	○	○	○	○
horrified	×	△	○	△	×	×	×
horrifying	△	○	○	○	△	△	△

〔注〕　LDOCE＝Longman Dictionary of Contemporary English
　　　OALD＝Oxford Advanced Learner's Dictionary
　　　CIDE＝Cambridge International Dictionary of English
　　　COBUILD＝Collins COBUILD English dictionary for Advanced
　　　　　　　　Learners
　　　GENI＝ジーニアス英和辞典
　　　READ＝リーダーズ英和辞典
　　　PROG＝プログレッシブ英和中辞典
　　　○＝見出し語として掲載
　　　△＝見出し語の下位項目として掲載
　　　×＝見出し語として掲載なし

味があります。これは1語でしょうか。2語でしょうか。それとも4語でしょうか。多くの辞書は，名詞と動詞を区別して2つの見出し語を立てています。これは「熊」はゲルマン語の *beran-(茶色いやつ)，「運ぶ」は古英語の beran（運ぶ）という異なる語源をもつことによります。多くの場合，辞書は語源が異なる同綴語は，別の見出し語とします。しかし，*OALD* は1つの見出し語しか立てていません。それに対して，*CIDE* は7つの見出し語を立てています。

OALD	*CIDE*
bear	bear "ANIMAL"
	bear "CARRY"
	bear "SUPPORT"
	bear "ACCEPT"
	bear "PRODUCE"
	bear "CHANGE DIRECTION"
	bear "FINANCE"

これは *CIDE* が，中核となる意味ごとに見出し語を立てるという編集方針を採っているためです。

fair という語はどうでしょうか。ジーニアス英和辞典は，fair[1], fair[2] と2つの見出し語を立てています。fair[1] には，形容詞，副詞，名詞，動詞で，「公正な」「かなりの」「色白の」など合計16の語義が挙げられています。fair[2] には，名詞で「品評会」など5つの語義が挙げられています。fair[1] は，同語源であるとしても，品詞や意味が大きく異なる語義を含んでいます。これを1語と見なしてよいのかどうか意見が分かれるところです。*OALD* と *COBUILD* は，「品評会」も含め1つの見出し語しか立てていません。*LDOCE* は，形容詞，副詞，名詞と3つの見出し語を立てています。*CIDE* は，8つの見出し語を立てています。

OALD / COBUILD	Genius	LDOCE	CIDE
fair	fair^1	fair^1	fair "RIGHT"
	fair^2	fair^2	fair "PALE"
		fair^3	fair "AVERAGE"
			fair "QUITE LARGE"
			fair "PROBABLE"
			fair "WEATHER"
			fair "BEAUTIFUL"
			fair "PUBLIC EVENT"

　辞書の見出し語は，語の意味に関しても，それぞれの編集方針があり，統一されていないことがわかります。

　このように，活用形を見出し語とするかしないか，多義語を分割して見出し語とするかしないかについて，辞書編集者は異なった方針を採っています。辞書に載っていれば1語と考えるのは問題がありそうです。では，どうしたらよいのでしょうか。その前に，句動詞とイディオムについて考えてみましょう。

まとめ

- 語の数え方には，延べ語数と異なり語数がある。
- 動詞の活用形や多義語を別の見出し語にするかは，辞書によって異なる。

2　die は1語？　pass away は2語？　kick the bucket は3語？

　前節で，語とは何か，何が1語かということを検討しました。結論は出ていませんが，活用形を含めた原形（lemma）を1語としておきましょう。これによれば，「死ぬ」という意味を表す die は1語，pass away は2語，　kick the bucket は3語という

ことになります。しかし，pass away はこの 2 語で初めて「亡くなる」という意味を表せるわけで，切り離さずに 1 つのまとまりと考えた方がよさそうです。kick the bucket についても同様です。このように句動詞やイディオムを含めて，1 つの意味を表す語・語句の単位を語彙素または語彙項目（lexeme）と言います。語彙素を 1 語と考えるならば，die, pass away, kick the bucket のいずれも 1 語ということになります。多くの辞書は，句動詞やイディオムを見出し語としないまでも 1 つの項目として立てています。

　語彙素を語の定義にすることにも問題があります。kick the bucket は kick と the bucket の意味を合わせても「くたばる」という意味はわかりません。put off はどうでしょうか。次の例文で考えてみてください。

　　Don't let the restaurant's cheap-looking décor **put** you **off**—the food's really good. (*Longman Advanced American Dictionary*)

　put off を「延期する」ではなく，to make you dislike something or not want to do something の意味で使っていますが，これは put と off の意味を合わせてもわかりにくいですね。それに対して，pass away は，もう少しわかりやすいでしょう。元々 pass「過ぎ去っていく」と away「離れて」が一緒になり，「亡くなる」ことを婉曲に表現した言い方です。2 語に分解して，それぞれの意味をつなげれば，この句動詞の意味を理解できないことはありません。look after「世話をする」も「～の後について見る」と考えれば何となくわかりますね。元の語の意味を合わせれば，意味がわかってしまうものもあります。The oil price went up では，go up が句動詞だとは感じられません。次の 4 つ

の表現は，2つの語の意味から理解できるでしょうか。どこまでをイディオムとすべきでしょうか。

talk turkey	率直にものを言う
talk shop	自分の専門の話をする
talk business	商売の話をする
talk politics	政治の話をする

　線引きはむずかしいですね。このように語彙素も，多義語の場合と同様に，どこまででひとつの意味とすべきか明確な線を引くのはむずかしいとわかります。

　慣用表現にはさらにやっかいな問題があります。ladies and gentlemen は，1つひとつの語の意味を合わせていけばわかります。しかし，gentlemen and ladies とは言いません。同じような慣用表現は，now and then / back and forth / wine and dine / clean and tidy / hook, line and sinker / ready, willing, and able などたくさんあります。意味ははっきりしているのですが，語の順番を換えると英語らしくなくなります。このような表現も語彙素と考えるべきでしょうか。ひとつの語彙素を語の定義と考えることもむずかしそうです。次にワードファミリーについて考察します。

まとめ

- ひとつの意味を表す語・語句の単位を語彙素と言う。
- 何を確定した意味とするかに関して，語彙素の線引きはむずかしい。

3 happy, happily, happiness, unhappy, unhappily, unhappiness は6語か，それとも1語？

　happily, happiness, unhappy, unhappily, unhappiness という語は，すべて happy という語を語根として，それに接辞が付加された派生語です。それぞれ「幸せな」という意味と関係しています。このような派生語は，語根の語と -ness, -ly, un- のような接辞の意味を知っていれば，初めて見ても意味がわかります。ですから，派生語をすべて1語と数えて，ある人の語彙サイズを測るのでは，語彙を増大させてしまうと危惧されます。そこで，屈折形と派生語はすべて基本となる語の家族とするワードファミリー（word family）という考え方が登場します。これは元々 Harold E. Palmer の語彙制限の考え方に端を発しています。Palmer は，学習者に有益な語彙の提示の仕方として，ヘッドワード（headword）という考え方を提示しました（Palmer, 1931）。次の back, faith がヘッドワードになります。

　back (noun)
　　back (adv.)
　　back (verb)
　　backward (adj.)
　　backwards (adv.)
　　backbone

　faith (noun)
　　faithful (adj.)
　　faithfully (adv.)
　　faithfulness (noun)

faithless (adj.)
unfaithful (adj.)

　これは，Michael West の *The General Service List*（以下，GSL: West, 1953）にも受け継がれていますし，多くのレベル別多読用教材（graded readers）にも採用されています。また，英英辞典の語義の説明に用いる定義語彙（defining vocabulary）もこの考え方に基づき，定義語義にさまざまな接辞をつけた派生形も語義の定義に使われています。Nagy and Anderson (1984)は，基本語と派生語の関係について，「形態論的に明確である」，「意味的に関連している」，「文脈の助けが必要である」などをもとに，6つの基準を示しています。このような流れを受けて，Bauer and Nation (1993) は，第2言語としての英語学習者がリーディングに必要とする接辞を，次の7つのレベルに分類しました。

Level 1　綴りが違えば，すべて別語
Level 2　規則活用の屈折形：名詞の複数形，所有格；動詞の3人称単数現在形，過去形，過去分詞，現在分詞；形容詞の比較級，最上級
Level 3　*-able, -er, -ish, -less, -ly, -ness, -th, -y, non-, un-*, all with restricted uses.
Level 4　*-al, -ation, -ess, -ful, -ism, -ist, -ize, -ment, -ous, in-,* all with restricted uses.
Level 5　*-age, -al, -ally, -an, -ance, -ant, -ary, -atory, -dom, -eer, -en* (*wooden*)*, -en* (*widen*)*, -ent, -ery, -ese, -esque, -ette, -hood, -i, -ian, -ite, -let, -ling, -ly* (*leisurely*)*, -most, -ory, -ship, -ward, -ways, -wise,*

> *ante-, anti-, arch-, bi-, circum-, counter-, en-, ex-, fore-, hyper-, inter-, mid-, mis-, neo-, post-, pro-, semi-, sub-, un-.*

Level 6 　*-able, -ee, -ic, -ify, -ion, -ist, -ive, -th, -y, pre-, re-.*

Level 7 　古典的な語根と接辞（*photogra-, Franco-, Gallo-, ab-, ad-, com-, etc.*）（Bauer and Nation, 1993）

このレベル分けの接辞を基本語に付加してワードファミリーに含めるとすると，happy，happily，happiness，unhappy，unhappily，unhappiness は 1 語ということになります。第 6 章で詳述するレベルズ・テストは，レベル 4 までの接辞は既知のものとしてワードファミリー化した語彙表を元に作成されていると考えられています。

ワードファミリーで語数を数える場合は，見出し語で数える場合よりはるかに語数が少なくなります。Laufer（1992b）は，ワードファミリー計算で3,000語は5,000語の見出し語に相当するとしています。

何が 1 語かますますわからなくなってきました。これは日本の英語教育界にも当てはまります。中学・高校の英語教育の目標を設定している文部科学省の学習指導要領は語をどう扱っているかを次に見てみましょう。

まとめ

- ワードファミリーは，ある一定レベルの接辞を基本語につけた派生語をすべて含めて，基本語 1 語とする。
- レベル別多読用教材や英英辞典の定義語彙は，ワードファミリーやヘッドワードの数え方に基づいている。

4 学習指導要領とレベル別多読用教材の語彙数の計算方法は？

　平成10年告示の中学校学習指導要領では，言語材料の語，連語及び慣用表現という項目で，「別表1に示す語を含めて，900語程度までの語（季節，月，曜日，時間，天気，数（序数を含む），家族など日常生活にかかわる基本的な語を含む)」としています。別表1の語とは次の100語です。

表Ⅰ-2　学習指導要領別表1の語

a	about	across	after
all	am	among	an
and	another	anyone	anything
are	as	at	because
before	between	both	but
by	can	could	do
down	during	each	either
everyone	everything	for	from
has	have	he	her
hers	him	his	how
I	if	in	into
is	it	may	me
mine	must	my	near
nothing	of	off	on
one	or	other	our
ours	over	shall	she
should	since	so	someone
something	than	that	the

their	them	then	these
they	this	those	through
to	under	until (till)	up
us	we	what	when
where	which	who	whose
why	will	with	without
would	you	your	yours

　英語を使うのに不可欠な語ばかりですが，これらの語を見ただけでも，文部科学省が何を1語としているかがわかります。am, are, is と have, has がありますから，不規則活用の動詞の活用形はそれぞれ1語と見なされています。同様に，can, could, will, would, shall, should から，不規則活用の助動詞の活用形も1語と数えます。a と an もそれぞれ1語です。this と these, that と those から不規則活用の複数形も1語と数えます。このような数え方では，不規則活用の動詞や名詞はすべて別語と見なすことになります。したがって，3年間で900語，1年間で平均して300語を教えることになりますが，言い表せる概念はこの数より少ないことになります。このことは高等学校学習指導要領の英語Ⅰで扱う新出単語の400語，英語Ⅱの500語，リーディングの900語についても当てはまります。

　子どもから大人まで英語の学習者に親しまれている読み物教材に，レベル別多読用教材があります。これは，制限された語彙・構文でやさしく書かれています。オックスフォード・ブックワーム・シリーズ（*Oxford Bookworms Library*）は，250ヘッドワードのスターター（starter）から，400ヘッドワードの第1段階，2500ヘッドワードの第6段階まで7段階に分かれています。ブックワーム・シリーズの第2段階は，700ヘッドワードで書かれて

います。この700ヘッドワードがどのような語彙であるかは公表されていません。中学校3年間で学習する語は900語ですが、これも規準は決められていません。教科書編集者はそのつど必要と考える語を使い、教科書を作成しています。では、中学生が3年間で学習する900語の語彙で、ブックワーム・シリーズのどの段階の本をどれくらい読めるのでしょうか。つまり、文部科学省の語の数え方は、ヘッドワードの数え方ではどれくらいに相当するのでしょうか。

　学習指導要領の語の考え方に基づき、不規則活用動詞の過去形・過去分詞、名詞の不規則活用の複数形、序数詞は、それぞれ1語とすると、平成14年度版の7種類の中学校英語教科書で3種類以上に共通して使われている語は991語あります。この991語でブックワームシリーズの400ヘッドワードで書かれている第1段階、700ヘッドワードの第2段階、1000ヘッドワードの第3段階の本の延べ語数の何パーセントをカバーできるでしょうか。3つの段階の本をそれぞれ10冊ずつ選び、*Range*[注]というソフトで処理してみましょう。*Range*は、指定した語彙表の語が、入力されたテキストの延べ語数と異なり語数でどれくらい使われているかを算出します。さらに語彙表の語をレマ化し、テキストのカバー率も算出します。991語を基準語彙表として、規則活用の動詞の過去形・過去分詞、すべての動詞の現在分詞、規則活用の名詞の複数形を、それぞれ原形、単数形のワードファミリーになるようにして、処理してみましょう。

（注）　次の Paul Nation のホームページから無料でダウンロードできます。
　　http://www.vuw.ac.nz/lals/staff/paul_nation/nation.aspx

表1-3 中学校英語教科書の語彙によるレベル別多読用教材のカバー率

[　　]内はヘッドワード数	第1段階 [400]	第2段階 [700]	第3段階 [1000]
延べ語数(10冊合計)	57832	64559	102536
異なり語数	1821	2437	3415
991語の延べ語数	49665 (86%)	56154 (87%)	87793 (86%)
991語の異なり語数	957 (53%)	1165 (48%)	1381 (40%)
991語のレマ数	664	754	829
991語以外の延べ語数	8167 (14%)	8405 (13%)	14743 (14%)
991語以外の異なり語数	864 (47%)	1272 (52%)	2034 (60%)

　第1段階1冊あたりの平均延べ語数は，5783語です。中学3年生用ニュークラウン（*New Crown English Series Book 3*・三省堂）の本文の延べ語数は2,648語ですから，3年生の教科書の約2冊分に相当します。第2段階では1冊あたり6,456語で，教科書約2.5冊分になります。レベル別多読用教材1冊を読むのは，中学生にとっては大変なことかもしれません。逆に言うと，中学校の教科書で読ませるインプットの量が少なすぎるのかもしれません。

　次に，学習指導要領の1語の考え方に基づく991語が，それぞれのヘッドワードで書かれた本をどの程度カバーできるかを見てみましょう。991語は，3つの段階すべてで延べ語数のうち85%以上カバーしています。大部分をカバーできますが，逆に考えると15%の語はカバーできません。これには，数多く使われている人名や地名などの固有名詞も含まれています。さらに，異なり語のカバー率を見てみると,400ヘッドワードの第1段階でも52.6%

しかカバーしていません。半数近くの異なり語がカバーできないことになります。700ヘッドワードの第2段階も47.8％しかカバーしていません。異なり語で見ると2語に1語は知らない語ということになります。Nation (2001) によると，速読力を養うには，未知語の割合は延べ語数で100語に1語以下（99％以上のカバー率）である必要があります。内容を理解しながら読むためには，未知語の割合は100語に2語以下（98％以上のカバー率）である必要があります。これらの基準に照らし合わせてみると，中学3年間で約900語を学習したとしても，700ヘッドワードのレベル別多読用教材を読みこなすのは，かなりむずかしいことだと言えそうです。

　ここまで，単語を定義するさまざまな方法をみてきました。日本の英語教育では，学習指導要領の影響で，不規則活用動詞の過去形・過去分詞，不規則変化名詞の複数形，序数詞をすべて異なる語としています。ただし，規則的な活用は原形に還元します。したがって，eat, eats, eating で1語，ate と eaten はそれぞれ1語になります。それに対して，不規則な活用形や序数詞をすべて原形に還元してしまう語の定義もあります。eat, ate, eaten, eating, eats で1語とします。six, sixes, sixth, sixths で six 1語と数えます。さらに，ワードファミリーやヘッドワードという考え方では，基本的な接辞のついた語も基本となる語に含めてしまいます。develop, developer, development, developmental, developable, redevelop, undeveloped, underdevelopment は，すべて develop のワードファミリーに含まれ，1語になります。このような違いを無視して，語数について議論するのでは，話がかみ合わなくなります。教師は，語の定義のしかたで数え方に大きな違いが生じ，指導にも影響してくることを認識する必要があります。

本書では，次のように1語を定義して話を進めます。

・活用形は不規則なものも含めて，原形に還元し，原形のみを1語とする
・接辞が付加された派生語はワードファミリーとせずに，それぞれ1語とする。

ワードファミリー換算に対して，派生形換算という言葉を使います。

まとめ
・学習指導要領では，不規則動詞の活用形，不規則の名詞複数形などをそれぞれ1語とする数え方をしている。
・学習指導要領の数え方では，中学校教科書3社以上に共通の991語は，1000ヘッドワードで書かれたレベル別多読用教材第3段階の延べ語数の約85％，異なり語数の約40％しかカバーしない。
・本書では，活用形は不規則なものも含めて，原形にまとめて，原形のみを1語とする。

5　英語母語話者の語彙数はどのように調べるのか

　それでは，英語母語話者は，どれくらいの単語を知っているのでしょうか。それを調べるには，調査方法が信頼できるものでなければなりません。その方法について考えてみましょう。
　英語母語話者がどれだけたくさんの語を知っているかの測定は，辞書を用いて行われてきました。辞書からある割合のサンプルを採り，サンプルのうちで知っている語の割合を辞書の総語数に掛

けて，語彙サイズを推定します。このようにして測定された英語母語成人話者の語彙サイズは，研究により3000語から21万6千語と大きく異なります (Goulden *et al.* 1990)。これは研究者により，使用する辞書，語の定義，サンプル数，テストのしかたが異なるためです。

Nation (1993) は，辞書を用いて語彙サイズを推定するための8つの手順を示しています。

(1) 調査される人が知っている語彙を網羅できる収録語数の多い辞書を使う。
(2) 辞書の見出し語総数を信頼できる方法で数える。
(3) どの語彙項目を推定計算の基にするかとワードファミリーの一部とするかについて，明確な基準を用いる。
(4) 多くのスペースが割かれている語に偏らないサンプル抽出方法を用いる。
(5) 推定された語彙サイズが信頼できるものになるように大きいサンプル数を採る。
(6) サンプルを語の採用と除外に用いた基準と照合する。
(7) サンプルが高頻度語に偏っていないかどうか頻度表と照合する。
(8) 研究を報告する際には，追試や検証が可能になるように，(1)〜(7)の手順がどのように守られたかを明確に記述する。

(1)については，何も付け加えることはないでしょう。(2)は大きな問題をはらんでいます。サンプルの語のうち知っている語の割合を総語数に掛けて，語彙サイズを推定するわけですから，総語数が信頼できるものでなければ，信頼できる語彙サイズは推定できません。ウェブスター第3版 (*Webster's Third International*

Dictionary）の序文には45万語収録と書かれていますが，それは見出し語 batten と同じ行にある battened, battening, battens など屈折形も含めた数です。屈折形をのぞくと26万7千語しかありません。(Dupuy in Goulden *et al.* 1990)。これは英和辞典についても当てはまります。辞書出版社は収録語数を多く見せようとする傾向があるので，ある辞書が何を基準として何語収録しているのかは，実際に数えてみないとわかりません。ある研究は，ウェブスター第3版の序文にある45万語を語彙サイズ推定の基準として，そのまま使ったために，英語母語話者は21万6千語を知っているというような極端に大きな推定値を出してしまいました。

(3)は，百科事典的項目や語根や接辞，複合語，短縮形，記号などを1語として数えるかどうかの問題です。百科事典的項目とは，歴史上の人物名，小説などの登場人物，地名，動植物の科学名などのことです。これらは辞書編集者によって，採用基準が異なります。たとえば，地名はすべての国を含めるべきでしょうか，その首都も含めるべきでしょうか，第2，第3の都市はどうでしょうか。どこで線引きをすべきか統一された基準はありません。Goulden *et al.* (1990) は，ショーター・オックスフォード英英辞典（*The Shorter Oxford Dictionary*）とウェブスター第3版を比べ，coindicate（同時指標を示す）から coletit（ヒガラ）の間に，前者の辞書には固有名詞は1語も掲載されていないのに対し，後者には16の固有名詞が載せられているとしています。また，動植物の学名 Lychnis coelirosa「コムギセンノウ（rose of Heaven)」を載せるとしたら，数え切れないほどの昆虫や菌類の学名も載せるのでしょうか。これも線引きがむずかしいところです。したがって，固有名詞は1語としないというような断固とした基準が求められることになります。複合語も多くは，tea-cake や teapot のように，組み合わされた元の語を知っていれば

意味が容易に推測できます。複合語を1語とするのかどうかも決定しなければなりません。

(3)は，さらにワードファミリーの基準についてもはっきりした基準を求めています。上述した Bauer and Nation (1993) の接辞のレベル分けが利用できるでしょう。また，Nagy and Anderson (1984) の6つの基準も参考にできます。

(4)は，サンプルの抽出にあたり，記述の多い基本語やよく知られた語を含む複合語などが採用されやすくなる懸念について述べたものです。10ページごとの最初の見出し語とか，20行ごと最初の見出し語をサンプルとするような抽出方法を採ると，記述量の多い語が選ばれる可能性が高くなり，サンプルが基本語に偏ってしまいます。これに対して，見出し語何語ごとに抽出するという方法ならば，基本語に偏る懸念は払えます。また，コンピュータによる無作為抽出という方法もあります。

(5)は，語彙サイズ推定の信頼性が，サンプル数に影響されるという点に関するものです。サンプル数が多くなれば，それだけ推定語彙サイズの信頼性は高くなります。2項分布による試算では，100語をサンプルにして，語彙数を推定した場合，真の数値は±8％の範囲にあると考えられます。たとえば，100語をサンプルにとって，ある人の語彙サイズが3,000語であると推定したとします。その人の真の語彙サイズは，3,000語の8％にあたる240語を3,000語から増減させた，2,760語から3,240語の間にあることになります。サンプル数が600語なら±3％，1,200語なら±2％にまで真の数値の取る範囲を狭めることができます。どれだけたくさんのサンプルを採り，数値の信頼性をどの程度にするかは，テストの実施時間や採点を考えて判断することになります。

(6)は，語の採用・除外の基準とワードファミリーに含めるかどうかの基準が一貫して適用されているかどうかのチェックに関す

るものです。全語についてチェックするのは大掛かりになるので，区分に分けてチェックすることになります。その場合，複数の人が最初から語を採用するかどうか，ワードファミリーに含めるかどうかを検討しなおし，作業をした人の間での信頼性（inter-rater reliability）を求めることになります。複数の作業者の分類が85％以上一致していることを示す0.85以上の信頼性が得られれば問題ありません。

(7)は，上のような手続きで抽出されたサンプルが高頻度語に偏っていないかどうかのチェックについてです。収録語数が10,000語の辞書から100語のサンプルを採って，語彙サイズを推定する例で考えてみましょう。このサンプルは，10,000語を代表していることになります。サンプルの1語は辞書の100語に相当します。10,000語を代表するとは，頻度順でみるとよく使われる語だけでなく，滅多に目にすることのない語もサンプルに入っていなければなりません。これが正しく再現されているかどうかのチェックは，BNCやBank of Englishのコーパスの頻度情報と

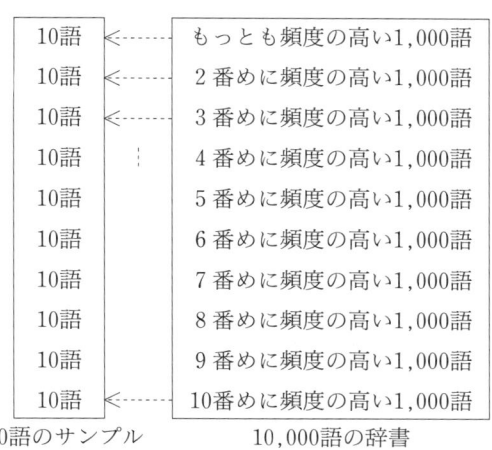

10語	←------	もっとも頻度の高い1,000語
10語	←------	2番めに頻度の高い1,000語
10語	←------	3番めに頻度の高い1,000語
10語	⋮	4番めに頻度の高い1,000語
10語		5番めに頻度の高い1,000語
10語		6番めに頻度の高い1,000語
10語		7番めに頻度の高い1,000語
10語		8番めに頻度の高い1,000語
10語		9番めに頻度の高い1,000語
10語	←------	10番めに頻度の高い1,000語

100語のサンプル　　　10,000語の辞書

照らし合わせて行います。サンプルの10語はもっとも頻度の高い1,000語内にあり，別の10語は次に頻度の高い1,000語内，別の10語は次の1,000語内という具合に，1,000語ずつの中に，サンプルの10語ずつが入っていれば，100語のサンプルが10,000語を正しく代表していることになります。もし高頻度語に偏っているようならば，是正する必要があります。

(8)は，このように辞書を元に語彙サイズを推定し，それを発表する場合の注意点です。それ以外の場合は無視してよいでしょう。

この節では，英語母語話者の語彙サイズを辞書を使って推定する方法を述べました。次に，このような方法を用いて，実際に語彙サイズを調べた研究について見てみましょう。

まとめ

- 辞書の収録語数は，何を1語として数えているのかを調べてみないとわからない。
- 語彙数の推定には系統立った方法を用いる必要がある。

6 英語母語話者は何語知っているのか

Jean Aitchison は，教養ある大人の英語母語話者は，辞書の見出し語を1語と数えた場合で，最低50,000語を理解し，潜在的に使えるとしていますが（Aitchison, 2003），前節で述べた方法に近いやり方で，英語母語話者の語彙サイズを推定した研究があります。Goulden *et al.* (1990) は，英語圏の学校で英語を第2言語とする学習者と英語母語話者の語彙サイズが大きく異なる事実を指摘し，その差を埋めるための指導を考えるために，英語母語話者の語彙サイズを正確に推定しようとしました。

彼らはまず，Nagy and Anderson (1984) の基本語と派生語を

分ける基準のレベル2と3に従い，ウェブスター第3版の収録語を分類しました。たとえば，congruity は基本語，congruent, congruous, congruism は派生語になります。次に，11列ごとに語を抽出する方法で，約700語のサンプルを3つ採り，それぞれを基本語，派生語，固有名詞，複合語，同綴異義語，その他に分類しました。この3つのサンプルの平均から，上の分類によるこの辞書の見出し語数を推定しました。結果は次の表のとおりです。

表1-4　ウェブスター第3版の収録語の分類

分類	ウェブスター第3版の推定見出し語数	総語数に対する割合(%)
基本語	54,241	20.3
派生語	63,773	23.9
固有名詞	19,291	7.2
複合語	67,177	25.2
その他	22,468	8.4
同綴異義語	40,050	15
合計	267,000	100

(Goulden *et al*, 1990 より)

　次に，この分類によりテストするサンプルを抽出するわけですが，Goulden *et al*. (1990) は，固有名詞，複合語，派生語，その他の分類の語をサンプルから除外する方針を採っています。この理由として，固有名詞や複合語は辞書によって見出し語とするかどうかが大きく異なることと，これらの語は元となる語を知っていれば簡単に推測できることを挙げています。この方針に則って，基本語54,241語の1%にあたる542語をサンプルとして抽出しました。さらに，1983年の追加語9,000語を同じ方法で分類し，29語を542語に加えました。この571語を頻度順に並べ替え，頻度

が高く知られている可能性の高い250語とほとんど知られていない語から成る残りの321語に分けました。さらに，250語は頻度情報が同じになるように，50語ずつの5つに分けました。そのうえでこの50語の単位でテストします。50語ずつを20名の英語母語話者の大学生に実施しました。被験者は，テストの語を知っていれば○を，知らなければ×をつけていきます。ここでは1語は500語を知っていることに相当すると考えます。結果は，13,200語から20,700語で平均17,200語でした。これは，ワードファミリー換算によるものですから，派生形に換算するとさらに大きくなります。この推定値は，20人ほどの大学生を被験者としたものですが，実状とそれほどはずれていない語彙サイズだと考えられます。Zechemeister *et al.* (1993) は，英語母語話者の語彙サイズを推定した3つの研究から，大学生の語彙サイズは14,000語から17,000語であるとしています。これは，基本形のみを数えたもので，固有名詞，複合語，派生語，短縮形などは含まれません。

　ここまで辞書を利用して英語母語話者はどれくらいの語彙を理解できるかをみてきました。ではそうした語彙を実際にはどれくらい発話に利用しているのでしょうか。図1-1は，BNCの話し言葉1000万語のコーパスから，もっとも頻度の高い1万語を抽出し，その1万語が1000万語のコーパスをどれくらいカバーするかを示したものです。もっとも頻度の高い500語で1万語のコーパスの約83％，1,000語で89％，1,500語で92％，2,000語で94％，3,000語で96％，4,000語で97％，5,000語で98％，6,000語で99％をカバーします。以下1万語までカバー率の上昇はほとんどみられません。英語母語話者は，ワードファミリー換算で17,000語を理解できると言っても，実際の会話で使っている語彙は，80％以上を500語程度でまかなっているということになります。普段話している語彙の約94％は2,000語程度の範囲内にあることになり

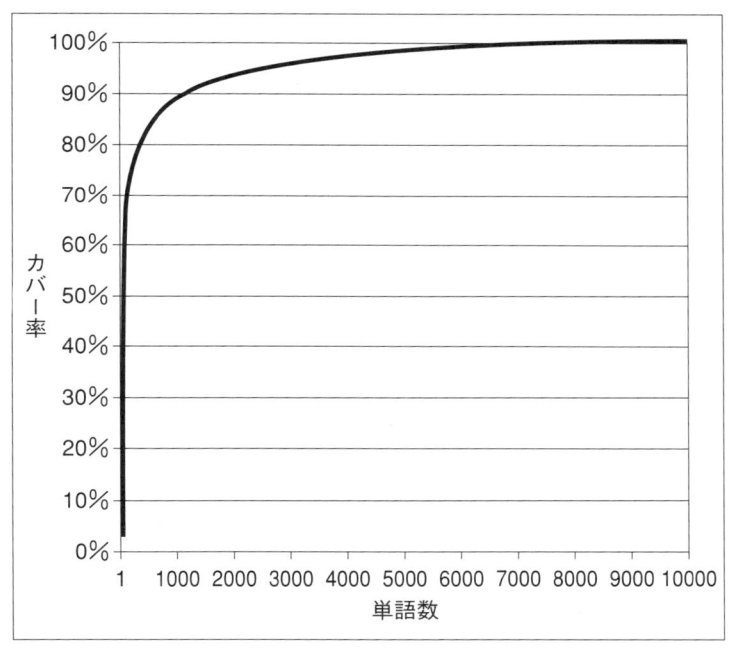

図1-1　BNC話し言葉の1万語コーパスに対するカバー率

ます。このことは，逆に考えると，もっともよく使われる2,000語を知っていれば，会話の約94％は理解できるということになるでしょう。

まとめ

- 英語母語話者は，辞書の見出し語換算で最低50,000語は理解できる。
- 英語母語話者は，ワードファミリー換算で17,000語を理解できる。
- 英語母語話者が，会話に使う語彙は500語で会話の80％以上をカバーできる。

7 効果的な語彙指導のために必要なことは何か

　ここまで，さまざまな単語の定義のしかたと英語母語話者が知っている語彙サイズについて述べてきました。日本の英語教育界における語の数え方と，英語母語話者を対象とした研究における語の数え方では，大きく異なることがわかりました。英語母語話者の語彙サイズは，ワードファミリー換算で17,000語，見出し語換算で50,000語と考えられています。しかし，彼らが実際に話し言葉でよく使う語彙は限られていて，会話の80%以上はもっともよく使う500語，90%近くは1,000語から成っています。

　英語母語話者の語彙サイズは，第2言語としての英語学習者が目指すべき目標としては，大きすぎるでしょう。日本人学習者が，持つべき語彙サイズはどれくらいなのでしょうか。Barrow, Nakanishi and Ishino (1999) は，日本人大学生の知っている英語語彙サイズの調査を行いました。3つの短大と4つの大学合わせて1283名の大学生に，JACET4000のレベル2〜4（501〜3000位）の語を知っているかどうかで回答させました。結果は，大学1年生では平均して2304語を理解できるというものでした。Mochizuki and Aizawa (2000) は，2大学の403名に語彙サイズテストを実施しました。結果は，被験者の大学生は平均して3,769語を知っているというものでした。どちらの調査も派生形換算ですが，Barrowらは，3,000語までしか調査していないので，それ以上の語彙サイズがある場合に対処できません。それに対して，望月と相澤は7,000語までを調査対象にしている点で，Barrowらの結果と大きな違いが生じたと考えられます。また，望月と相澤の結果は実施大学数，被験者数が少ないために，偏ったデータであるとも考えられます。いずれにせよ，どちらの結果も英語母語話者にははるかに及びません。

一般に,もっとも頻度の高い2,000語で,あらゆるテキストの80％をカバーできると言われています。このような2,000語を中学生,高校生が習得すべき到達目標として設定することも考えられます。英語語彙の指導にあたって,どのような語を何語教えるのかという指導目標をもつことが大切です。

　では,どのような語を教えるべきなのでしょうか。中学校の教師ならば,中学校の教科書に出てくる語が一番の関心事になってしまいがちです。東京都中学校英語教育研究会研究部は,平成18年度版の中学校英語教科書6種類に使われているすべての語彙を調べて,ホームページで公開しています(http://www.eigo.org/kenkyu/index.htm)。ここで6種類すべてで使われている語ほど重要だと考えることができます。自分の学校で採用している教科書にはなくても,6種類のうちの他の教科書の多くで使われている語があれば,そのような語も重要と考えてよいでしょう。

　しかし,中学校英語教科書で使われている語が,英語全般でもっともよく使われる頻度の高い語というわけではありません。さらに次のような語彙表を参考に,語彙指導の指導目標を立てることが重要になります。

● 『大学英語教育学会基本語リスト JACET 8000』大学英語教育学会基本語改訂委員会 (編) (2003) 大学英語教育学会

　これは,大学英語教育学会基本語改訂委員会が独自に作成したコーパスの頻度情報をBNCの頻度情報と比較し,日本人の英語学習者が学習すべき8,000語を選定したものです。頻度順に1,000語ずつの語彙表になっています。また,頻度順だけでは重要度が落ちてしまう数詞,月,曜日,不規則動詞の屈折形などはPlus 250という250語の別表にまとめられています。中学生は,レベル1の1,000語とPlus 250の計1,250語を最初の学習目標にする

ことができます。高校生は,それに加え,レベル2,3を目標とするのがよいでしょう。

● 『大学生用英語語彙表のための基礎的研究』園田勝英(1996)
  言語文化部研究報告叢書7,北海道大学言語文化部

　これは,12種類の語彙表から15,000語を選び,それからTIME誌と米国環境庁提供の科学文献抄録集のコーパス頻度で7,420語を選定したものです。中学必修語彙(772語),高校必修語彙(1,780語),大学受験語彙(2,042語),大学基本語彙(1,532語),大学発展語彙(1,303語)に分類されています。それぞれの学習段階に合わせて,学習目標を決めるのに役立つでしょう。

● A new academic word list. Coxhead, A. (2000) *TESOL Quarterly*, 34, 213-238.

　これは,あらゆる分野の学術的な文献に共通して用いられる学術語彙570語のリストです。大学入試で頻出されるような文章を読むのに必要な語彙と考えてよいでしょう。abandon (8), achieve (2), acknowledge (6)のように,頻度にしたがって10段階に分けられています。大学入試に備えるのにもっとも適した語彙表と考えられます。

まとめ

- 日本人大学生が平均して知っている語彙サイズは2,300語という研究と3,700語という研究がある。
- どのような語をどれくらい教えるべきかという語彙指導の目標をもつことが大切である。

2 単語を知っているとは どういうことか

　第1章では，単語とは何かと，英語母語話者は，派生形換算で50,000語，ワードファミリー換算で17,000語知っているということを見てきました。この章では，単語を知っているとはそもそもどういうことかということを考えてみます。これは，単語を教える際に，どのような知識を与えるべきなのかということと密接に関連しています。

1 見ればわかるが，聞くとわからない，書けない，話せない

　英単語を2,000語知っているという場合，何を意味しているのでしょうか。2,000語で書かれた文章を読むことはできても，同じ文章を音声で聞く場合はまったくわからないということは，往々にしてあることです。知っている単語を使って，文章を書いてみなさいと言われてもなかなか書けません。話すのはさらにむずかしいという人もいます。単語を知っているということは，単に読んで意味がわかるということだけではなさそうです。単語を聞いてすばやく認知できる速度なども含まれるでしょう。Nationは，ある単語を知っていることはどういうことなのかを次の表にまとめています。

表2-1　単語を知っているとは

語形	音声	受容	語がどのように聞こえるか 例：/baisikl/と聞いて，実在する語だとわかる
		発表	語をどう発音すべきか 例：/baisikl/と発音できる
	綴り	受容	語がどのように見えるか 例：bicycleという綴りを見て，語だとわかる
		発表	語をどう綴ればよいか 例：bicycleという綴りを書ける
	語の構成要素	受容	どのような語の構成要素が見られるか 例：bi-という「2つの」を意味する接頭辞とcycleが一緒になった語だと知っている
		発表	意味を表すのにどのような語の構成要素を使えばよいか 例：bi-という「2つの」を意味する接頭辞とcycleを一緒にして使える
意味	語形と意味	受容	この語形はどのような意味を表すか 例：bicycle・/baisikl/という語形を「自転車」という意味と結びつけられる
		発表	この意味を表すのにどのような語形を使えばよいか 例：「自転車」という意味を表すのに，bicycle・/baisikl/という語形を表出できる

意味	概念と指示物	受容	この概念には何が含まれるか 例：bicycle という概念には，「健康によい」「地球にやさしい」などの含意があることを知っている
		発表	この概念が指すものは何か 例：実物・絵・写真・おもちゃの自転車を「自転車」という概念と結びつけられる
	連想	受容	この語はほかのどのような語を連想させるか 例：bicycle という語が，bike, cycle, ride, mount, wheel, frame, chain, steal などの語を連想させることを知っている
		発表	この語の代わりにほかのどのような語を使えばよいか 例：bicycle の代わりに，bike, cycle を使えばよいことを知っている
使用	文法的機能	受容	この語はどのような文型で現れるか 例：bicycle という語は名詞で，文の主語，動詞の目的語や補語，前置詞の目的語として現れることを知っている
		発表	この語はどのような文型で使わなければならないか 例：bicycle という語は名詞で，文の主語，動詞の目的語や補語，前置詞の目的語として使うべきことを知っている

使用	コロケーション	受容	この語はどのような語と一緒に使うか 例：bicycle という語は，ride a bicycle, mount a bicycle, a racing bicycle, a missing bicycle, chain a bicycle to...のようなパタンで使われることを知っている
		発表	この語はどのような語と一緒に使わなければならないか 例：bicycle という語は，ride a bicycle, mount a bicycle, a racing bicycle, a missing bicycle, chain a bicycle to...のようなパタンで使うべきことを知っている
	使用時の制約 （使用域，頻度）	受容	この語は，どのような文脈で，いつ，どれくらいの頻度で目に（耳に）するか 例：bicycle という語は，中立な(neutral)文脈で使われ，頻度の高い語であることを知っている
		発表	この語は，どのような文脈で，いつ，どれくらいの頻度で使うことができるか 例：bicycle という語は，中立な文脈で使うことを知っている

(Nation 2001を改編)

　まず，語形，意味，使用と大きく3つに分けています。次に，それぞれをさらに3つの下位区分に分けています。語形に関して言うと，音声，綴り，語の構成要素という3つです。さらに，それぞれを受容的に知っている，発表的に知っているの2つに分けています。音声に関しては，音声を聞いて，ある語だとわかることが受容的に知っている，ある語を発音できることが発表的に

知っていることになります。一般に，受容語彙とは，英語を聞いたり読んだりして，単語の形のインプットを受けたときに，その意味がわかる語彙を言います。発表語彙とは，伝えたい意味を適切な語形にして，言ったり書いたりできる語彙のことです。Nation は，この受容・発表の区別を，語の知識の下位区分にまで当てはめています。

このように，Nation はある語を知っているとは，その語のさまざまな側面の知識をもっていることであるとしています。しかし，英語母語話者であっても，すべての語を同じように知っているわけではありません。下位分野のほとんどの知識をもっている語もあれば，綴りと意味を受容的に知っているだけという語もあります。第 3 章で詳しくみるように，語彙習得は少しずつ知識が積み重なっていく過程です。母語話者であっても，学習者の場合と同じように，語彙の知識は一生を通じて変化していきます。ある時点で，ある単語は一部の知識しかなかったものが，別の部分の知識が加わって，その語の知識が充実していきます。逆に忘れてしまうこともあります。それでは，下位区分の知識のうち，語形の音声と綴りに関して，次節でもう少し具体的にみていきましょう。

● 指導へのヒント

語彙指導というと単語を教えることと一言で言えそうですが，単語を教えるとは，理解し発話できる以外にも，いろいろな側面の知識をもてるようにすることです。つまり，綴りを見て，意味がわかるだけでなく，正しく発音できる，同意語や反意語を連想できる，正しいコロケーションで使えるようにすることなどを含みます。

しかし，英語母語話者でも一部の側面の知識しかもたない単語

もあります。どの語はどこまで教えるかという指導目標を立てる必要があるでしょう。そのためには，まず教師が教える単語について十分な知識をもつことが求められます。

まとめ
- 単語を知っているということは，その語を語形，意味，使用の側面から知っていることを意味する。語形，意味，使用はさらに分類できる。
- 母語話者であっても，語のさまざまな側面の知識を一様に知っているわけではない。詳しく知っている単語もあれば，一部の知識しかない単語もある。

2 語を読むスピードはどれくらい？（音声・綴り）

2-1 どれくらい速く話し，聞き取っているのか

どの言語であれ，母語話者は，普通その言語を自由に聞き話すことができます。語形・音声という語の知識の下位区分で，このことについて考えてみましょう。Aitchison (2003) は，英語母語話者に関する心理学の研究をまとめて，話す速度は1秒間に6音節，1語を聞き取る速さは200ミリ秒と結論づけています。1秒間に6音節というのは，普通に発話しているときの速度で，1音節語や2音節語が多用されるために，1秒間に3語以上発話されると考えられます。実験では，1音節の語から多音節の語までさまざまな語が使われるため，平均発話速度が遅くなっています。このことから，英語母語話者は，普通に話している状態では，1秒間に3語以上，つまり，1語を300ミリ秒ほどの速さで，発表

的に使うことができるとわかります。この速さで行けば，英語母語話者は，1分間に180語以上のスピードで話していることになります。BBCのアナウンサーもだいたいこれくらいの速さで話しています。音声の受容知識については，心理学の実験で扱った語の平均発話速度は375ミリ秒であるのに対し，それらの語の平均認知速度は200ミリ秒です。/kǽləndə(r)/という語ならば，その半分くらいの/kǽlən/を聞いただけで，calendarだとわかってしまうわけです。

　なぜこのようなことが可能なのでしょうか。人間は単語の一部をよく記憶していると考えられています。心理学の実験には，舌端状態（a tip-of-the-tongue state）を起こさせるものがあります。ある事象の定義を言い，その事象を言い表す単語を言わせます。その事象はよくわかっているのですが，その語が思い出せないことがあります。このような状態を舌端状態と言います。日本語では，「喉まで出かかっている」と言いますね。たとえば，「耳の中にあり，平衡感覚をつかさどる部分は何と言いますか。その中のリンパ液の動きによって，回転運動や加速運動を感知し，目が回る状態を作り出す部分です」。こう聞かれて，その語を知っているのだけれど，すぐ思い出せないとき，「サン何とかではないですか」とか「サン・・キカン」のような回答が多く見られます。このような回答は，単語の最初と最後の部分が，思い出せない語と一致しています。特に単語の最初の部分がよく思い出されることから，単語の最初がよく記憶されていることが多いと考えられます。"calen-"のように単語の最初の半分だけ聞いて，その語がわかってしまうことは，このような単語の記憶のされ方と関係していると思われます。さて，さきほどの質問で舌端状態になった人は，「三半規管」と聞いて，上のことがよく理解できるのではないでしょうか。

2-2　どれくらい速く読んでいるのか

　ここまで，英語母語話者が単語の音声をどれだけの速さで発し，または，認知するかについてみてきました。それでは，綴りの面ではどうでしょうか。Schmitt（2000）は，読みに関する心理学の研究をまとめています。英語母語話者が単語を認知するときには，文字を正しく認識することが必要で，特に最初の1文字が重要であるとしています。単語の全体の形も補助的な役割を担っていると考えられます。子供は，最初の1文字と全体の形から語を判断しているのに対し，大人は最初の2文字と全体の形を判断に使います。

　文章を読むときに，目は動き続けるのではなく，ある箇所で止まり，しばらくして，別の箇所に移動します。一箇所にとどまる時間は，平均して200〜250ミリ秒です。そのうち50ミリ秒で，単語の認知に必要な情報を得ます。残りの時間は，次に移動する場所を探すのと，実際の移動に使われます。視点が止まっている間に読む範囲は，左側が3〜4文字分，右側が15文字分ほどです。右側の4〜8文字で，現在の語を認知・確定し，それより右側の部分は次に移動する箇所を探すのに使われます。次に，視点は7〜9文字分右に移動します。200ミリ秒で1語を読んだとすると，1秒で5語，1分間で300語読むことになります。250ミリ秒で読んだとしても，1分間で240語を読むことになります。このことは，英語母語話者は平均して1分間に300語，最低でも200語の速さで読むという研究を支持するものです。

　最近の眼球運動研究（eye movement research）は，読解の際にほとんどの語が，注視（eye fixation）を受けていることを示しています。具体的には，内容語の80%，機能語の40%が注視を受けます。さらに，内容語の5〜20%は，後戻りして2度以上の

注視を受けます。このことは，内容から予測・推測し，1語1語を読まなくてもよいという読解のトップダウン・モデルの主張と食い違うことになります。実際には，英語母語話者であってもほとんどの語に注意を払っているわけで，速読できるとは，どれくらい速く語として認知できるかという問題のようです。第4章で詳しく扱いますが，リーディング指導のためには，すばやく認知できる語彙である視認語彙（sight vocabulary）を増やすことが大切です。

●指導へのヒント

　英語母語話者は，極めて速いスピードで単語を発し，また，認知することがわかりました。英語の授業では，学習者が正しく発音できること，聞き取れることを重視して，遅めのスピードで発音したり，聞き取らせる指導がなされています。しかし，これでは母語話者の会話についていけないでしょう。

　発音の指導に関しては，3つのことが示唆されます。1つは最初は，ゆっくり発音しても，徐々にできるだけ速く発音できるような指導が必要だということです。2点目は，単語は1つひとつ発音する場合と，文の中で発音するときとでは，音が変わるということです。個々の単語の発音ができるようになったら，文や句の中で変形された音も発音させることが大切です。これは発話の中で単語を聞き取るのに役立つでしょう。第3に，単語の発音を教える際には，強勢が大切だということです。英語母語話者が発音される半分の時間で単語を認知できるのは，強勢のある音節が同じ単語を，グループとしてまとめて記憶しているためと考えられます。たとえば，nórmally の強勢を間違えて，normálly と発音すると，no money と聞き違えられるという報告があります。きちんと強勢を置いて発音することは，発話を理解してもらうた

めに不可欠です。

　綴りに関しては，2つのことが示唆されます。まず，音と綴りのつながりを確実なものにすることです。中学の最初では，音を先に教え，発音できるようになってから，綴りを教えるという指導がなされています。聞いてわかる，発音もわかるが，綴りは読めない，書けないという生徒は英語嫌いの第1段階です。つまり，聞く話すことはできるのに，英語は筆記試験でテストされることが多いため，中間・期末テストで悪い点を取ることにより英語嫌いになっていきます。単語を発音できるようになったら，文字と発音の関係を教えながら，綴りを教えていくのがよいでしょう。高校段階では，逆に，文字から新しい単語に触れることが多くなります。このような単語の綴りを見て意味がわかるだけでなく，強勢なども含めて正しく発音できるように指導することが大切です。

　第2に，綴りから素早く単語を認知できるようにする指導が求められます。初級学習者は，綴りの1文字1文字を見ながら，語を認知しますが，できれば単語全体の形から認知できるようにしたいものです。このためには，フラッシュカードを一瞬だけ見せて，発音させる指導や，同じ綴りの語を即座に見分けさせる指導などが有効です。たとえば，次のようなプリントを配布し，時間を競わせることができます。単語は30秒では終わらないくらいたくさん準備しておくとよいでしょう。

左の単語と同じ綴りの単語に○をつけなさい。

three:	threa	tree	throe	three
good:	qood	good	gud	goud
from:	fron	frow	from	flom
student:	studunt	studemt	studend	student

・・・・・・・・・・・・・・・・・・・・・・

このような指導を行うことで，正しい綴りを素早く認知できるようになります。

まとめ
- 英語母語話者は，1秒間に6語くらいの速さで話し，200ミリ秒ほどで単語を認知している。これはその語が発話される半分ほどの時間である。
- 英語母語話者は，平均して1分間に300語の速さで読む。

3 語の構成要素の知識はどのような働きをするのか

語の構成要素の知識は，looked が look に -ed のついた過去形または過去分詞であるとわかるような規則的なものから，undebeakability（後述参照）という語がどう成り立っているのかがわかるという応用的なものにまで及びます。私たちは，英語を聞いたり読んだりするとき，songs や playing は，song に -s のついた複数形，play に -ing がついた現在分詞であるとわかります。unkind は kind に否定の接頭辞 un- がついたもので，「kind でない」という意味を表すことがわかります。英語を発表的に使うときも，それぞれ複数の -s，過去形の -ed，否定の接頭辞 un- などを語につけて使います。このような屈折語尾や派生形を作る接辞の知識も，語の知識の一部と考えられます。

語の構成要素の知識は，知らない語を理解する場合にも，新しい語を作り出すときにも利用されます。politeness とか attractiveness という単語を初めて見たり，聞いたりしたとしても，polite と attractive を知っていれば，それらに -ness がついたものだとわかります。up-to-dateness とか Donald Duckishness のように，だれかが新しい単語を作ったとしても理解できます。こ

の節の最初に挙げた undebeakability は，Aitchison が作った単語です。彼女は次のような文の中であれば，英語母語話者はその意味がわかるだろうと述べています。

Undebeakability is the test of true Donald Duckishness.

undebeakability は，語根の beak「くちばし」に，4つの接辞がついたものです。まず「分離」を表す接頭辞の de-，次に「可能」を表す接尾辞の -able，3番目に「否定」を表す接頭辞の un-，最後に「状態・性質」を表す接尾辞の -ty が付加されています。つまり，この単語は，「くちばしをはずせないこと」という意味になります。Donald Duckishness という語も造語です。Donald Duck に，「〜らしい」という性質を表す接尾辞の -ish と「状態・性質」を表す接尾辞の -ness がついたものですね。にせもののドナルド・ダックがたくさんいる中で，くちばしをはずせるかどうかで，本物のドナルド・ダックかどうか調べることができるという文意です。ドナルド・ダックに会ったら，本物かどうかテストしてみたいですね。

●指導へのヒント
　語の構成要素は，語根，文法の範疇に入ると考えられる屈折語尾，派生形を作る接辞の3つに分けられます。接辞については，第3章で触れますので，ここでは語根と屈折語尾の指導について考えます。
　語根の指導は，初級段階では，単語を記憶するのに役立つものに限るべきでしょう。まだ語彙数が少ない段階ですから，語根というよりも語源に関する話をして，単語が記憶に残るような指導につなげます。たとえば，breakfast の fast は「速い」という意

味の他に「断食」という意味があり,「断食をこわす」のがbreakfastだったと説明できます。

　語彙数が増える中級段階では,語根から単語を増やしていく指導が可能になります。たとえば,signは「刻みつけた印」が元々の意味ですが,書類にsignをつけることは重要な意味をもちました。signifyやsignificantは,「signをつける」ということと関連しています。このような説明は,significantが新語として出てきたときに,signやsignifyを関連させて導入できます。

　屈折語尾の指導に関しては,その形と意味の指導がもっとも大切です。すなわち,どのような形になるとどのような意味を表すかを学習者は知らなければなりません。同じ-sでも名詞につけば複数形,動詞につけば3人称単数現在形と異なる意味を表します。同じ-erでも形容詞につけば比較級,名詞につけば接尾辞で「〜をする人・もの」とそれぞれ違う意味になります。

　次に,同じ形でも屈折語尾が現れる環境で発音が異なることを教えなければなりません。同じ-sでもrosesのように歯擦音（/s, ʃ, tʃ, z, ʒ, dʒ/）の後では/iz/,booksのように無声非歯擦音（/p, t, k, f/）の後では/s/,pensのように上の2つ以外のあとでは/z/になります。これは,動詞の過去形を作る-edも,startedのように歯茎閉鎖音（/t, d/）のあとでは/id/,watchedのように/t/以外の無声音のあとでは/t/,listenedのように/d/以外の有声音のあとでは/d/と発音します。

　さらに,屈折語尾をつける場合,環境によってつけるものが変わることを指導する必要があります。-sは子音に続くyのあとでは,yをiに変えて-esをつけなければなりません。-ed, -er, -estは,単母音字に続く単子音字のあとでは,その子音字を重ねて,-ed, -er, -estとしなければなりません。

　このようなことは,文法指導の範囲と考えられますが,これが

身についていないと，単語を聞いたり，読んだりするときにも，知っている単語の活用だとわかりません。また，正しい形に活用させて使うこともできないでしょう。

まとめ
- 英語母語話者は，単語を活用させたり，派生形を作る知識をもっていて，既存の語の理解・発話だけでなく，新語の理解・産出にも利用している。

4 意味を知っているとはどういうことか（語形と意味）

　語形と意味の結びつきは，語の知識の中でもっとも重要なものです。単語を聞いたり，読むときに，意味がわからなければ，その単語を知っているとは言えません。ここで注意しなければならないことが2つあります。

　1つは，意味とは，ある言語を話す人たちが共通して持っている社会的概念だということです。日本語で「ねこ」と言えば，あのニャーニャーと鳴き，のんびりしているけれど，時々爪を立てて引っ掻く動物を思い浮かべます。さまざまな猫やその写真を見ても，「ねこ」だとわかります。丸い顔に，ぴんとした耳，簡単な目と口，ひげが左右に3本ずつの簡単な絵であっても，猫を描いたのだなと思います。これは，日本語を話す人はだれでも，「ねこ」の概念をもっているから，「ねこ」という単語で，自分の言いたいことを相手に伝え，意思疎通がはかれるわけです。広辞苑は，「猫」の語義として，「三味線」を挙げています。この意味は，現代の日本語を話す人たちの間で，どれくらい理解されるでしょうか。個々人の持っている「ねこ」という概念が「三味線」を含んでいなければ理解できません。「三味線」が現代日本人の

もつ「ねこ」という概念に含まれるとは考えがたいですね。別の例として、「双子語」という言葉があります。これは双子が子どものときに作る言葉で、その子どもの間だけで理解できる言葉です。ある言葉がある概念を表すと2人の間だけで約束していることにより、成り立つものです。その約束を知らない人には双子語は理解不能です。要するに、意味とは、同じ言語を使う人が共有する社会的概念であり、語形と意味の結びつきを知っていることとは、語形と社会概念の結びつきを知っているということになります。

　もう1つの注意点は、言語により概念と単語の結びつきが違うことです。たとえば、日本語の「兄」は「年上の男の兄弟」、「弟」は「年下の男の兄弟」ですが、英語のbrotherは、年上、年下に関係なく「男の兄弟」です。日本語の「ジュース」は果汁100％のものから、無果汁のものまで含みますが、英語のjuiceは果汁100％のものしか指しません。果汁が入っていても、果汁またはアルコール以外のものが入った飲み物は、soft drinkと呼びます。日本語では、「稲」「籾」「米」「めし・ごはん」「ライス」といろいろな単語がありますが、英語ではそれらはすべてriceです。逆に、日本語の「うし」に相当するox_1は、bull「雄牛」、cow「雌牛」、ox_2「去勢された雄牛」、bullock（＝ox_2）、calf「子牛」、steer「雄の子牛」、heifer「雌の子牛」のように細かく区別されます。

　このように言語により、ある単語の指すものが異なります。これは文化によって、細かく詳しく言い表す必要があるものが違うためです。稲作文化の日本では、籾が植えられ、発芽し、苗となり、それが実って稲になり、脱穀され、米になる過程を細かく描写する必要があったわけです。さらに、米が炊かれたものも区別されました。牧畜文化では、雄か雌か、去勢されているかいな

表2-2　rice, ox₁の分類

rice	稲
	籾
	米
	めし・ごはん
	ライス

うし (Ox₁)	bull
	cow
	ox
	bullock
	calf
	steer
	heifer

（安藤，1996より）

か，子牛か成牛かが，相手に伝えるときに重要であるので，それらを区分する語彙が発達しました。したがって，ある文化ではたくさんの語彙があるのに，ある文化では同じものに関する語彙があまりないというのはよくあることです。節分，ひな祭り，七五三のような行事，梅干，たくあん，納豆のような食べ物には，それを言い表す英語の単語はありません。反対に，Yorkshire pudding, oatmeal, Marmiteのような単語を1語で言い表す日本語はありません。

●指導へのヒント

　語形と意味を結びつけることは，語彙指導の基本です。その際，言語によって事物の切り取り方が違うことを含めて，指導する必

要があります。いくつかの実物や絵を見せて新語を導入しますが，その場合，その語が当てはまらない例を挙げることが大切です。juice を例にとれば，果汁100%のもの，10%のもの，無果汁のもの，アルコールを果汁で割ったもの，肉を焼いたときの肉汁，胃液などの絵を見せて，それぞれについて This is juice. / This is not juice. のように導入していくことができます。生徒は，英語の juice が日本語の「ジュース」とは違うことを理解できるでしょう。同様に，table も，食卓，コーヒーテーブル，キッチンワゴン，作業台，机などの絵を見せて，それぞれについて This is a table. / This is not a table. と導入できます。

まとめ

- 意味とは言語共同体の成員が共通して理解する社会的概念である。
- 言語により事物の切り取り方が違うために，1つのことを細かく区別する語彙がある言語と，そうでない言語がある。

5 peach と lemon はどう違うか（概念と指示物）

前節では，Nation の分類の「意味・語形と意味」を扱いましたが，その中で「意味・概念」についても述べました。ここでは，「意味・概念」についてもう少し詳しく見ていきましょう。

日本語で「レモン」というと，あの黄色くすっぱい果物を思い浮かべますが，同時に，さわやかで，新鮮なイメージも思い浮かべます。「あなたはレモンのような人ですね」と言われて，悪い気分になる人は多くはないでしょう。それに対して，英語で "You are a lemon." と言われたら，だれでも気を悪くするで

しょう。英語のlemonには,「できそこない」とか「ばかな人」という意味があるからです。同じように,イギリス英語では,cabbageは「怠惰で考えのない人」,cowは「愚かで不愉快な女性」という意味があります。"You lazy cow!"はとても侮辱した表現なので口にしない方がよいでしょう。もし言われたとしたら,大いに怒るべきです。日本語で「この怠け者の牛!」と言われても怒りますよね。逆に,peachは,少し古い使い方ですが,大変よいイメージがあり,「とても素敵な人,物」という意味で使われます。

さて,Nationは,意味・概念という語の知識は,ある概念が何を指すかを知っていることとしています。これはどういうことでしょうか。同じ物を指す場合でも,異なった概念で表現されることがあります。ダンボール箱に品物を入れて,郵便局へ持っていくとpackage / parcel「小包」として送れます。それが航空便で運ばれれば,air cargo / freightになります。相手が受け取るとpresentになることもあります。次の例はどうでしょうか。

This is my son.
This is a pride.
This is a pain in the neck.

This is my son.

This is a pride.

This is a pain in the neck.

This はすべて同じ人を指していても，話者の考えにより，「誇り」とか「頭痛の種」という異なった概念で表現されています。聞き手は，語の概念とそれが指すものを結びつけることで，話者の意図を理解しようとするわけです。このように単語の表す概念が何を指示しているかを理解できることも語の知識の一部になります。

　概念は，明示的な意味以外に，比喩的に使うような含意的な意味も含みます。上の例では，pride, pain in the neck は暗喩（metaphor）として使われています。次の文はどう解釈できるでしょうか。

The mushroom indicated the way to the reception room.

　ロビーにきのこの看板があり，パーティー会場の方向を指しているという様子を想像したでしょうか。それとも，童話の世界で，きのこが話している様子を想像したでしょうか。前者は看板をきのことし，後者はきのこを擬人化しています。

　比喩表現は，英語特有の定型句に数多く見られます。

as cool as cucumber
as strong as a horse
as hard as a nail
as fit as a fiddle
as quiet as a mouse

　このような比喩的な意味も概念には含まれます。

●指導へのヒント

　単語の概念は一度に習得されるものではありません。いろいろな文脈で単語に触れることにより，少しずつその単語の概念が形成されていきます。ですから，初めからすべてを教えようとする必要はありません。school や book のように中核的な語彙で，含意が中立的なものは何も言わなくてよいでしょう。気をつけなければいけないのは，肯定的または否定的な含意をもつ語の場合です。たとえば，petty という単語を *Longman Dictionary of Contemporary English* で引くと，

　a problem, detail, etc. that is small and unimportant

と定義されています。unimportant という定義から，petty は否定的な含意をもつ語だということがわかります。これを "Petty" means "small" と教えてしまうと，否定的な意味合いが伝わりません。ジーニアス英和辞典では，「ささいな，つまらない，取るに足りない」という語義を挙げています。このような日本語は否定的な意味合いをもっているので，petty のもつ概念が伝わります。

　同様に，"Skinny" means "very thin" のように教えるのでは，この語のもつ否定的な意味合いを教えられません。もちろん，文脈からわかるものですが，日本語を使ってでもニュアンスを伝えたいものです。

まとめ

- 単語の概念は，明示的な意味だけでなく，その語のもつイメージや比喩のような含意的意味も含む。
  概念には文化による違いが見られる。

6 mountain と聞いてイギリス人が連想する語は？（連想）

　意味の下位区分として，連想が挙げられていますが，これはどういうことでしょうか。心理学では潜在意識を探る方法として，単語連想テスト（word association test）を利用してきました。このテストは，ある単語から最初に連想する単語を言わせるものです。数多くの被験者から得られた結果は，母語話者の単語からの連想が，かなりの程度で均一であることを示しています。

刺激語		連想語
joy	—	happiness
cold	—	hot
cottage	—	house
table	—	chair
fruit	—	apple

（Miller, 1970より）

　左の刺激語に対して，大多数の人が右のような連想語を回答します。このような連想語は，一見無関係のように見えますが，いくつかのパターンに分類することができます。上の例では，joy - happiness は同意語，cold - hot は反意語，cottage - house は上位語（hypernym），table - chair は同位語（co-hyponym），fruit - apple は下位語（hyponym）と分類できます。数は若干少なくなりますが，deep - water, sea のような統語的（syntagmatic）な連想も見られます。このような連想は母語話者に共通して見られるため，語の知識には，ある単語から連想される語のネットワークがあると考えられます。よって，心の中の語彙は，同意語，反意語，上位語，同位語，下位語のよう

な分類で整理されていると思われます。

6-1 同意語

この連想の分類について詳しく見てみましょう。まず，同意語です。joy の同意語を *Longman Language Activator* で引くと，happy の項目の下で a happy feeling の同義語として以下の7語が挙げられています。

happiness　　contentment　　joy　　delight　　bliss
euphoria　　elation

このうち，次の文の joy と置き換えられるものはどれでしょうか。

The child laughed with joy at the sight of the puppies playing.

Simple Search of the BNC-World Edition で，laughed with happiness のようにして検索すると，contentment, bliss, euphoria, elation は例文が見つかりません。つまり，laughed with contentment のようには英語母語話者はあまり言わないことが示唆されます。happiness と delight のみが，この文では置き換えが可能だとわかります。しかし，それも命題の真偽が変わらないという程度であって，意味的・文体的な違いがあります。*Longman Language Activator* は，joy, delight を次のように定義しています。

joy : a word used especially in literature meaning a great feeling of happiness, often about something good that has happened.
delight : great happiness and excitement, especially about something good that has happened.

どちらの語の定義にも happiness が使われていることから，happiness が joy や delight よりも，同意語の中でももっとも一般的に使われる中核的語彙であることがわかります。joy の定義から，この語は文語的な語と言えます。delight は，「幸福感」だけでなく「興奮」も含意する語だとわかります。このように，同意語と言っても，まったく同じであるわけではなく，単語が違えば何かしらの違いがあるのです。

　一般的に英語の場合，ゲルマン語系起源の語はインフォーマルで口語的です。それに対して，ラテン系起源の語はフォーマルで文語的です。ゲルマン語系起源の語は，ケルトからアングロサクソンの伝統をもつイギリス人の生活に密着したものでしたが，一方，ノルマン人による征服以後，英語にもたらされたラテン系の語彙は，宮廷，政治，文学に関連しているためです。これは，日本語では，「咲く」と「開花する」のような，やまとことばと漢語の関係に相当します。このスタイルの違いは同意語についても当てはまります。

ゲルマン語系	ラテン語系
buy	purchase
get	obtain
deep	profound
fight	conflict
watch	observe

6-2 反意語

次に，反意語について考えてみましょう。反意語は「相補関係 (complementary)」，「反対関係 (converseness)」，「非両立性 (incompatibility)」，「反義関係 (antonymy)」の4つに分類されます。まず，相補関係ですが，man と woman は，人の性別の2分類です。man でなければ，woman になります。同様に，alive であれば，dead ではありません。生きているか死んでいるかのどちらかしかありませんから，alive と dead は相補関係にあります。他に，テストは pass するか fail かのどちらかです。何かに向かって物を投げたり，射撃したら，その結果は hit したか miss したかのどちらかです。これらも相補関係になります。このように相補関係は，2つのどちらかであれば，もうひとつであることは決してない場合を表します。

反対関係は，動作などが見方を変えると逆になる関係を言います。AさんがBさんにCDを貸したとします。Aさんの視点では，I lent a CD to B. ですが，Bさんの視点では，I borrowed a CD from A. ということになります。sell と buy も同じ関係です。雇用関係も視点を変えると反対関係を生みます。雇っている人に焦点を当てれば employer，雇われている人に焦点を当てれば employee ということになります。他に，own と belong to，above と below などが反対関係です。

非両立性は，3つ以上のセットの中の関係を表します。たとえば，季節が spring であれば，その季節が summer, fall, winter であることはありえません。月が April であれば，March, May, June など他の月であることはありません。他に，Sunday, Monday などの曜日，red, blue などの色も非両立性の例になります。非両立性は，後述する共下位語と考えることもできます。

反義関係は，bigとsmall，goodとbadなどもっとも一般的な反意語と考えられるものです。反義関係では，AでもBでもないという中間が存在します。次の文を考えてみましょう。

This soup is not hot.　　This soup is cold.

「このスープは熱くない」という文は，「このスープは冷たい」と同じではありません。「温かい」のだけれど，おいしいと思えるほど「熱くない」ということを言いたいわけです。別の例として，loudの反意語は，quietと言えますが，音の大きさを表す形容詞は他にもあります。

noiseless → silent → quiet → noisy → loud → deafening

　loudとquietの間にnoisyがあり，loudより大きい音にはdeafening，quietより小さい音にはsilent，noiselessという語が使えます。このように反義関係は，さまざまな段階を念頭に置いた相対的関係を表します。そのため，反義関係にある形容詞は，bigger，smallestなどの比較級，最上級にすることができます。また，very good，extremely highのように強意の副詞で修飾することができます。これらのことは，相補関係の形容詞には当てはまりません。
　ある単語を教えるときに，その反意語を教えることがあります。その際注意すべきことは，反意語は語義によって変わるということです。dryの反意語は普通wetと考えられますが，これは「乾いた」という語義のときにのみ当てはまります。

```
dry weather   ←→   wet weather
dry towel     ←→   wet towel
dry wine      ←→   *wet wine
```

dry wine の dry は「辛口の」という意味なので，反意語は sweet wine になります。他の例としては，short の反意語は普通 long とされます。

```
short rope    ←→   long rope
short boy     ←→   *long boy
```

しかし，上の short boy の short は「短い」ではなく「背が低い」という意味ですから，その反意語は tall になります。このように語義により反意語が異なる場合があるので，反意語を教えるときには，例文を示した方がよいでしょう。

6-3 上下関係

次に，上位語，同位語，下位語について考えてみましょう。上位語，同位語，下位語とは上下関係 (hyponymy) を示す言葉です。ある単語の意味が他の単語の意味の一部になっているとき，最初の語を上位語，上位語の意味を取り入れている語を下位語と言います。下の図で，lion, bear, dog, monkey, cat, rabbit はみな mammal の意味を取り入れているので下位語，mammal は上位語ということになります。同位語は，共下位語とも呼びますが，下位語と同列に並ぶ語のことです。lion, bear, dog, monkey, cat, rabbit は同位語になります。さらに，dog は shepherd, bulldog, Yorkshire terrier, Dalmatian, mongrel と

細かく分類できます。これらはすべて dog の意味を取り入れているので、dog の下位語ということになります。

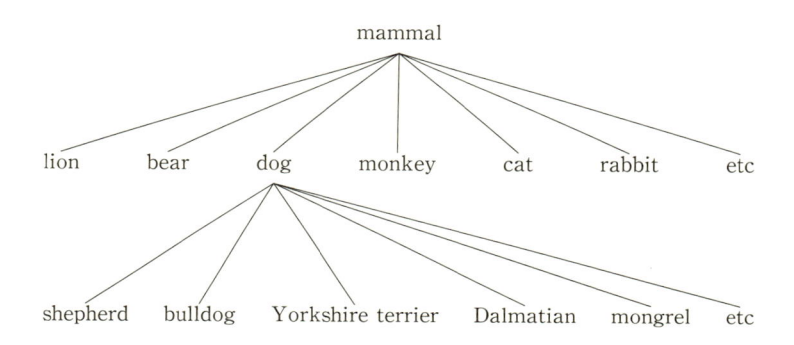

```
                            mammal
          ┌──────┬──────┬─────┼─────┬──────┬──────┐
        lion   bear   dog  monkey  cat  rabbit  etc
              ┌──────┬─────┼─────┬──────┬──────┐
         shepherd bulldog Yorkshire Dalmatian mongrel etc
                         terrier
```

　上位語は下位語と比べて、概念の適応される範囲が広いのに対して、概念のもつ内包 (connotation) が小さくなります。つまり、mammal という上位語は、あらゆる哺乳類に対して使えて、概念の適応範囲は広いのですが、「哺乳類」という意味の含意は少ないということです。これは「犬」という意味の含意と比べてみるとわかりやすいでしょう。「犬」という語から、ペット、忠実、密告者、縄張りなどが含意されますが、「哺乳類」からはほとんど浮かんできません。

　連想についてまとめるにあたり、イギリス人が mountain という語から連想するものを次頁の表で見てみましょう。The Edinburgh Associative Thesaurus (http://www.eat.rl.ac.uk) で mountain という語を入力すると、イギリスの大学生100人が mountain について最初に連想する語がわかります。

　mountain はさまざまな連想を思い起こさせる語のようです。連想した人が一番多い high が100人中12人、top が11人、hill が

表2-3 mountainからイギリス人が連想する語

HIGH	12人	12%	GRAND	1	1%
TOP	11	11%	GRASS	1	1%
HILL	8	8%	GREEN	1	1%
SNOW	6	6%	IN SPAIN	1	1%
GOAT	5	5%	IRON	1	1%
AIR	4	4%	LAKE	1	1%
ASH	4	4%	LAKES	1	1%
CLIMB	4	4%	LION	1	1%
STREAM	4	4%	ME	1	1%
EVEREST	3	3%	PASS	1	1%
PEAK	3	3%	PINNACLE	1	1%
RANGE	3	3%	ROCK	1	1%
SNOWDON	3	3%	ROCKS	1	1%
ALPS	1	1%	ROOM	1	1%
BERG	1	1%	SLOPE	1	1%
BOULDERS	1	1%	STEEP	1	1%
BRA	1	1%	TREE	1	1%
CLIMBER	1	1%	VALLEY	1	1%
CLIMBING	1	1%	VIEW	1	1%
GLACIER	1	1%	WILD	1	1%
GLASS	1	1%			

8人，snow が6人，goat が5人，air, ash, climb, stream が4人で，他は3人以下の連想です。top, hill, snow というのは，日本語の「山」から最初に連想されるものと若干違っていますね。第4位の goat は牧羊文化らしい連想ですね。第6位の ash は，mountain ash「ナナカマド」からの連想です。このように連想も，語の概念と同じように，文化の影響を強く受けるものです。英語母語話者の語彙力に近づくとは，このような文化的な連想も含むことになります。

●指導へのヒント

　同義語や反意語を教えることについては，2つのヒントがあります。1つは，新語の導入のときに同義語や反意語を用いる場合，同義語や反意語は既習語でなければならないということです。enormous という語が新語で，"Enormous" means "very big" と教えられます。しかし，「enormous は『とても大きい』という意味です。huge も同意語です。一緒に覚えましょう」と教えるのはよくありません。Tinkham (1993) は，同じ意味場に属する語が同時に提示されると学習者は混乱し，よく覚えられないということを実験で証明しています。もうひとつのヒントは，同義語や反意語は，語彙の復習に活用できることです。既習語の復習として，同義語や反意語を組み合わせさせる次のような活動は，語彙の定着に効果的です。

例：1〜5の語の同義語をそれぞれ a〜e から選びなさい。
1. old　　2. tired　　3. bad　　4. big　　5. small
a. enormous　b. awful　c. exhausted　d. tiny　e. ancient

連想も概念と同じように，初めからすべてを教えることはできません。さまざまな文脈で単語に触れることで，一緒に使われる他の単語との関係ができあがっていくと考えられます。単語連想テストでの初級段階の第2言語学習者の連想は，母語話者の連想と比べて，はるかに多岐にわたります。その後学習が進むにつれて，母語話者の連想に似てくるようです。指導へのヒントは，インプットを増やすことがもっとも重要ですが，連想だけに限って言えば，語彙が増えてきた中級以降では，次のような活動が考えられます。

　例のように，左の語から連想する語，その語から連想する語と繰り返して，右の語につなげてみましょう。

例：coat　　→　winter　→　cold　→　night　→　star
　　cake　　→　(sweet)　→　music
　　tree　　→　(forest)　→　(picnic)　→　(tea)　→　spoon
　　hand　　→　(foot)　→　(walk)　→　(street)　→　town

この活動は，同意語，反意語など連想のネットワークを広げていくのに役立ちます。

まとめ

- ある語から連想される語は，同意語，反意語，上下関係にある語，コロケーションなどで，語彙は心の中でこのようなネットワークを作っていると考えられる。
- 連想も概念と同様に文化の影響を受ける。

7 heavy sleeper は体重の重い人？
（文法的機能・コロケーション）

　英語母語話者は，単語を文法的に正しく使えるわけですが，その品詞を知っていたり，用法を文法的に説明することは必ずしもできるわけではないようです（Alderson, Clapham, and Steel in Schmitt (2000)）。単語を文法的に正しく使えるとは，その単語の活用，統語，コロケーションを正しく使えることを含みます。次の3つの文を見てみましょう。

I wish to be wedded to you.
Your marrying me is desired by me.
My becoming your spouse is what I want. (Ellis, 1997)

　これらはすべて文法的に正しい文ですが，英語母語話者がこのように言うことはまずありません。通常は I want to marry you. のような言い方をします。逆に言えば，英語が母語話者のように聞こえるということは，I want to とか marry you のような彼らがよく使う語のまとまりをたくさん使っているということを意味します。
　この母語話者がよく使う語のまとまりを，Moon (1997) は多語語彙項目 (multi-word items) と呼び，その中のプレハブ (prefabs) の重要性について述べています。プレハブは，談話の状況に合う，談話を方向づける役割を果たす語句のことです。これは，すでに部分的に完成していて，それにつなげていけば発話が完成します。the thing is, the fact is, the point is, that reminds me, I'm a great believer in ... などがプレハブの例になります（Moon, 1997）。

The thing is I've never met her before.

　このような文は，すでに完成している部分を組み合わせて家を建てるプレハブ住宅のようですね。
　また，母語話者は，I'm sorry to have kept you waiting so long. のように，sorry の後に keep you waiting をつなげる形を多用します。これもよく使う語のまとまりと考えることができます。母語話者は，イディオムやプレハブのようなすでに決まっている言い方，定型句を多用することで，発話を形成するときの認知的負荷を少なくし，余裕ができた分を発話の内容に使っていると考えられます。
　それでは，コロケーションとはどのようなものでしょうか。Carter (1998) は，コロケーションとは，単語と単語との共起関係で，look at, listen to のような文法的コロケーション（grammatical collocation）と make a suggestion, take medicine のような語彙的コロケーション（lexical collocation）に分けています。Schmitt (1998) は，共起関係というだけでは不十分で，習慣的に共起すること（habitually co-occur）と排他性（exclusiveness）がコロケーションの定義には必要としています。習慣的に共起するとは，薄めのコーヒーを weak coffee と言うように，多くの場合一緒に使うものを指します。それに対して，curious と coffee は，a curious coffee merchant のような場合に隣接して使うこともありますが，共起することはほとんどありません。これは習慣的に共起するとは呼びません。排他性とは，薄いコーヒーは *light coffee でも *thin coffee でもなく，weak のみが coffee と共起できることを指します。では，コロケーションをもう少し詳しく考えてみましょう。
　Cowie and Howarth in Schmitt (2000) は，コロケーション

の強さのレベルを4つに分類しています。

表2-4　コロケーションの強さのレベル（Schmitt, 2000を改編）

1. イディオム
   bite the dust, shoot the breeze
2. 不変コロケーション
   break a journey, from head to foot
3. 片側のみ限定的選択のあるコロケーション
   take/have/be given precedence［over 名詞句］
   give/allow/permit access to［名詞句］
   have/feel/experience a need［for 名詞句］
4. 両側とも限定的選択のあるコロケーション
   as dark/black as night/ink
   get/have/receive a lesson/tuition/instruction［in 名詞句］

　最初のイディオムは，1語1語の意味を足し合わせても，その成句の意味がわからないものです。shoot the breeze は，各語の意味からは「むだ話をする」という意味はわからないため，イディオムの分類になります。イディオムは，もっとも排他性の強いコロケーションと言えます。次の不変コロケーション（invariable collocation）は，意味は個々の単語を足し合わせればわかるが，その語の組み合わせしかないものを指します。break a journey は，「旅を中断する」という意味ですが，*stop a journey とか *suspend a journey とは言わず，この組み合わせしかありません。不変コロケーションも排他性のレベルが高いものです。第3のレベルは，コロケーションの片側だけいくつかの選択肢があるものです。選択の幅が広がる分，排他性が弱まります。第4レベルは，コロケーションの両側でいくつかの選択肢があり，自由度が高まります。この先のレベルは，very good, very cold, very difficult のようにコロケーションとは呼ばない自由な組み

合わせになります。

　このようにコロケーションを分類できますが，これらは特有な結びつきによるもので，その理由を説明できない場合が多いようです。説明できる程度としては次のような程度でしょう。damage his car, damage a painting, damage the environment とは言えますが，*damage his feeling, *damage her pride とは言えません。逆に，hurt his feeling, hurt her pride とは言えますが，*hurt his car, *hurt a painting, *hurt the environment とは言えません。このような違いは，damage は，無生物に対して，一部を壊したり，価値を失わせる場合に用いるのに対して，hurt は，痛みを生じさせたり，心理的苦痛を与える場合に使うという違いがあるからです。ただし，このような説明ができるものは少数と考えてよいでしょう。

　コロケーションは，さらに，品詞が異なっても共起関係が保たれるという特徴があります。

He has been **recently appointed** director of the project.
All the company welcomed his **recent appointment** as director of the project.

　この2つの文では，上の文の appoint と recently という共起関係が，下の文でも recent appointment として保たれています。

My wife is a **heavy sleeper.**

　この文は，「私の妻は体重が重い，眠る人」という意味ではありません。My wife sleeps heavily と同じ意味で，「眠りが深い人」になります。これも sleep heavily という共起関係が，品詞

が変わっても保たれるためです。heavy drinker / heavy smoker も同様な共起関係になります。

　コロケーションの使用は，母語話者と非母語話者を明確に区別するものです。同じものの集団を表す場合，a group of sheep / cows / whales / lion / birds / bees / puppies / wolves のように group で間に合うものでも，次のようなコロケーションが使われます。

　　a flock of sheep
　　a herd of cows
　　a school of whales
　　a pride of lions
　　a flock of birds
　　a swarm of bees
　　a litter of puppies
　　a pack of wolves

　コロケーションが使われ続ける理由を，カーディフ大学の Allison Wray は，ある人が言語共同体の成員であり続けるには，それまで使われてきたのと同じように言語を使わせるプレッシャーがかかるためだとしています。すなわち，他の人が話すように話さないと，言語共同体の中で異端視されるというのが Wray の考えるコロケーションが使われ続ける理由になります。コロケーションが母語話者と非母語話者を見分ける指標となる理由もここにあるのかもしれません。

●指導へのヒント
　コロケーションなどの定型句をどこまで教えるかは，英語教育

の目的と密接に関連します。英語母語話者のように英語を使えるようにすることが目的ならば，定型句についての綿密な指導が必要になります。しかし，非母語話者的な英語でもコミュニケーションができることを第1の目的と考えるならば，それほどの指導は必要ないでしょう。後者の場合，イディオムであれ不変コロケーションであれ，その意味がわからなければ，相手の意思が伝わりませんから，最低限それらが理解できるようにすることは必要です。しかし，それらを発表的に使わせる必要はないでしょう。He kicked the bucket と言えなくても，He died で十分意思疎通は図れます。イディオムや不変コロケーションを思い出せなくても，知っている英語で言いたいことを伝える，言い換えなどのコミュニケーション・ストラテジーを指導した方が効果的です。

まとめ
- 母語話者の英語が母語話者らしく聞こえるのは，決まりきった言い方，定型句を多用しているためである。
- そのため，定型句の使用は，母語話者と非母語話者を明確に区別する指標となっている。
- 定型句には，イディオム，コロケーション，プレハブなどがある。

8 police officer, cop, bobby はどう違う？
（使用域・頻度）

pp. 32-34の表にあるような，Nationによる「単語を知っていること」の最後の側面は，使用域（register）や頻度という，単語を使うときの制約についてです。使用域とは，同じ意味を表す単語でも，地域性，フォーマルさ，専門性，時代性などにより，

使用の範囲が制約されることを指します。地域性とは，アメリカ英語，イギリス英語などの国による違いや同じ国内でも地域による方言などが当てはまります。フォーマルさとは，公式な式典などで使われる正式な言い方なのか，形式ばらない普通の言い方なのか，それとも，家族や友人間でのくだけた言い方なのかの度合いを表します。時代性とは，古い言い方やもう使われない廃語などの制約を指します。『ジーニアス英和大辞典』でcrackerを引いてみましょう。

---

cráck·er /-ɚ/, 图 **1** クラッカー；《米》(薄いカリカリする)ビスケット(《英》biscuit, cream cracker, 《米》soda cracker)；《英》米粉のクリスプ(crisp) ‖ cheese and ~s チーズを添えたクラッカー. **2** 爆竹, かんしゃく玉(firecracker)；(宴会用の)クラッカー(《英》Christmas cracker)；=~ bonbon. **3** 割る人[物], 割る器具；[~s] クルミ割り器(nutcrackers). **4** 《米方言》(主にGeorgia 州·Florida 州の山地に住む)貧乏白人(poor white)；[C~] 《愛称》ジョージア州の人, フロリダ州の人. **5** 《英略式》魅力的な人, ひときわすぐれた人, すごい美人；おもしろくすてきなジョーク(など). **6** (特に石油の)熱分解が行なわれる装置. **7** 〔コンピュータ〕クラッカー《ネットワークで不正侵入やウイルスのばらまきなど犯罪行為をする人々》. **8** 好例, よい見本. **9** 《豪》役に立たなくなった家畜. **10** 《豪略式》売春宿. **11** (NZ)(家畜用のむちの)細く裂いた先端. **12** 〔南ア史〕[~s] 羊皮製ズボン《初期の植民者たちが使用したズボンで, 動くとバリバリと音がしたことから crackers と呼んだ》. **13** ほら, うそ. **14** 速い歩調. **15** 《豪·NZ-俗》ほんのわずかな金. **16** 《米俗》人種差別をする白人.

　第1語義の「クラッカー」で英米差があるのがわかります。どちらも，いわゆる「クラッカー」のほかに，別のものを指しています。アメリカでは，「薄いカリカリするビスケット」もcrackerと言うのに対して，イギリスではそれはbiscuit, cream crackerと言います。さらに，イギリスではcrackerは「米粉のクリスプ（crisp）」も指すことがわかります。第4語義は，crackerは「（ジョージア州・フロリダ州の山地に住む）貧しい白人（poor white）」を指すアメリカの地域方言であるとしています。第5語義は，イギリスのくだけた言い方として，「魅力的な人，おもしろくてすてきなジョーク」を挙げています。しかし，第9語義ではオーストラリアの「役に立たなくなった家畜」，第10語義ではオーストラリアのくだけた言い方として「売春宿」，第11語義ではニュージーランドの「(家畜用のむちの)細く裂いた先端」，第12語義では南アフリカの昔の言い方で「羊皮製ズボン」を挙げています。同じcrackerという語でも，地域，フォーマルさ，時代の違いにより，まったく異なる意味をもつことになります。

　このような1つの単語の中での細かな違いを英語母語話者ならだれでも知っているわけではありません。しかし，多くの場合，異なる語がどのような使用域をもつ語であるかは知っています。たとえば，police officer, cop, bobbyは，どれも警官を指す言葉ですが，どう違うのでしょうか。police officerは正式な言い方ですが，呼びかけるときにはofficerとだけ言うのが普通です。copは，くだけた俗語表現です。警官の前では使わない方がよいでしょうね。bobbyは，イギリスの古いくだけた言い方です。Sir Robert Peelというロンドン警視庁を再編成した内務大臣の愛称にちなんでいます。

　次に，頻度について考えてみましょう。母語話者は，単語がどれくらいよく使われるものかの直感を持っていると考えられます。日本語を例に採れば，「開始」「始め」「起源」「発端」という類義語のうち，「開始」と「始め」が同じくらい頻度が高く，「起源」と「発端」はそれより頻度が低いではないかと感じます。この直

感が正しいかどうか正確には調べられませんが，インターネットのホームページでどれくらいこれらの単語が使われているかを調べることができます。専修大学教授の佐藤弘明氏が作成したインターネットのデータを日本語コーパスとして使用するソフト *KwicOnGugleJ*（現在，閉鎖中）というソフトを使うと30億ページのホームページを瞬時に検索し，その単語が何回使われているかを知ることができます。検索した結果，「開始」は32万3000回，「始め」は21万7000回，「起源」が9万2500回，「発端」で5万2600回使われています。この結果は，ホームページ上で書かれた言葉のコーパスだけのものですから，正確ではありませんが，おおよその頻度情報と考えられます。直感は，この4つの単語の頻度順位までは当てられませんが，よく使うか使わないかの判断は当たっているようです。

英語母語話者も頻度についての直感をもっています。この直感と大規模コーパスの頻度と比較した研究は，中程度の相関を認めるものから高い相関をもつというものまでまちまちですが，頻度が高い語である，低い語であるという基本的な直感は正しい傾向が見られます。英語のコーパス頻度は，第5章で詳述する方法で入手可能です。

●指導へのヒント

使用域に関しては，地域，フォーマルさ，専門性，時代性のいずれにおいても，中立的な語彙をまず第1に教えることが大切です。このような語彙は，使用域が広いわけですから，どこでも使えます。このような語彙をまず身につけさせることを目標にすべきでしょう。初級・中級レベルの教材に使用域の狭い単語が出てきた場合は，その単語と使用域に関しての特殊性を解説するだけでよいでしょう。学習優先順位の低い語だと指導してもよいかも

しれません。上級学習者の場合は，地域性，フォーマルさなどの使用域に注意を向けさせる必要があるでしょう。

　頻度に関しては，高頻度語から学習させるのが基本です。特にもっとも頻度の高い1,000語は，多義語が多いので異なる意味で使われている用例が出るたびに，丁寧に指導する必要があります。教師が低頻度語と考える語が，初級・中級の学習段階で出てきた場合は，意味を教え，今の段階では覚える必要がないと指導してよいでしょう。1970年代の中学校教科書には，ventilator（通気孔）という低頻度語を使っているものもありました。そのような語は，今は覚えなくてよい，高校・大学段階でまた出てきたときに覚えなさいというくらいの大胆さがほしいものです。中学校でventilatorという語を覚えさせられた生徒は，再びその単語に遭遇したことがあったでしょうか。

まとめ
- 英語母語話者は，単語のもつ地域性，フォーマルさ，専門性，時代性など使用域の知識を持っている。
- 英語母語話者は，個々の語について，頻度の高い単語であるか，低い単語であるかというおおまかな頻度の直感を持っている。

3 単語はどうやって覚えていくのか

　語彙指導を効果的に行うためには，どのようにして語彙が習得されるのかについて，知識を深めることが重要です。日本語と英語の単語の覚え方は，どのような点で異なるのでしょうか。すぐに覚えられる単語となかなか覚えられない単語があるのはどうしてでしょうか。単語に何回出会えば，その単語を覚えられるのでしょうか。本章では，このような疑問について考えていくことにします。

1 単語はどのようなプロセスで学習しているか

1-1 母語の語彙習得プロセス

　英語の語彙習得の前に，まず母語の語彙習得を考えてみましょう。母語を習得している子供は，語形と意味を結びつけることによって，単語の中核的な意味要素を学習していると言われています。しかし，このとき子供は，単語のすべての意味要素を完全に理解するわけではなく，あとの段階で徐々にその単語の周辺的な意味を獲得していくと考えられています。この母語の語彙を習得するプロセスを，Aitchison (2003) は，ラベルづけ (labeling), 箱詰め (packaging), ネットワーク構築 (network building) の3段階に分けています。

(a) ラベルづけ (labeling)

ある音連続がどの事物を指すラベルとして使用できるかを発見することです。子供はまず, 音の連続の中から, ある音連続がある事物・事象を示すことを知るようになります。たとえば, /ðdɔgizgən/ という音の連続から, /dɔg/ は「犬」を指すことを学びます。次に子供は, その音連続を自分で発するようになります。家の犬を見て /dɔg/ と言ったとしたら, その犬をラベルづけしたことになります。/dɔk/ と言うかもしれません。ぬいぐるみの犬を /dɔg/ とラベルづけすることもあります。猫を見て, /dɔg/ とラベルづけすることもあります。この段階では, 音連続を正確に再生できないことや, ラベルづけする対象が正しくないことも多々あります。ラベルづけは, 年齢的には1歳くらいから発達します。

(b) 箱詰め (packaging)

1つ1つのラベルづけされた事例を, 概念という箱の中に入れていく過程です。ラベルづけされたものが箱の中に集積して, 概念が形成されます。dog を例にとれば, 最初は家の犬に対してのみ /dɔg/ と言っていたのが, 隣の犬, 散歩中の犬に対しても /dɔg/ と言うようになります。dog という概念が少しずつ形成されます。さらに, 犬のぬいぐるみ, テレビに映し出される犬, 犬の写真・絵などに対しても /dɔg/ と言うようになり, 家の猫に対しては /dɔg/ と言わないようになります。このように, /dɔg/ という音連続は, ラベルづけされた事例に共通する意味特徴を備えたものに言及することに気づきます。このようにして, dog の

意味概念が徐々に形成されていきます。

　つまり、最初は目標語の中核となる概念を獲得し、異なった文脈の中で接することによって、どれくらい目標語の概念が広がるか、そして意味的な限界がどこにあるのかを学習していきます。たとえば、子供は最初のうちは dog の概念を「4本足の動物」と拡大してしまいますが、発達段階とともに徐々に「犬という動物」に概念を形成していきます。

(c)　ネットワーク構築（network building）

　子供は1歳半以降、急速に語彙を増大させていきます。ネットワーク構築とは、この増加した語彙の中で、個々の単語の音韻的・意味的・統語的関係を発見してネットワーク状にすることです。つまり、子供は dog という単語を、dock, dug, dig, deck のような単語と一緒にして音韻的ネットワークを構築します。同様に、shepherd, bulldog, Dalmatian などの単語と一緒にして意味的語彙ネットワークを形成します。統語的ネットワークは、bite, bark, wag のような単語と共に構築します。dog という単語はこのようなネットワーク構築のプロセスを経て、より強く記憶されると考えられます。子どもが読み方を学習したあとは、綴りの似た単語からなる書記体的ネットワークを構築します。子供のネットワークは、音韻的、統語的なものが最初に発達すると考えられています。しかし、読書により語彙が増大する小学校高学年以降、ネットワークの再構築がなされ、意味的ネットワークが強力になります。ネットワークの拡大は、成人以降もずっと継続していきます。

　従来の語彙習得研究では、初期段階であるラベルづけを取り上げることが多かったようです。Henriksen（1999）は、その理由を、意味を語形と結びつけることが語彙学習でもっとも重要な段

階なので注目されたと述べています。また，意味を語形と結びつけることは，どの学習レベルでも実験的に検証することが比較的容易であることも理由として考えられます。しかし，学習した単語を記憶の中に取り入れて，その単語を含むネットワークに再構成させるプロセスも語彙能力全体を考える上で重要です。なぜなら，学習者が語彙項目の1つ1つの意味を知っているかどうかよりも，語彙ネットワーク全体がどう変化するかの方が，語彙知識全体を把握する上で重要だからです。

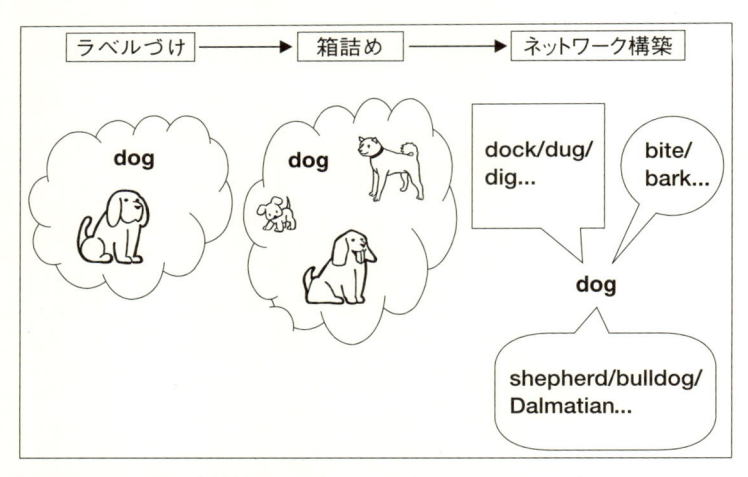

図3-1　単語の意味学習のプロセス（Aitchison, 2003）

残念ながら学習者の語彙ネットワークの発展や特性を追跡調査することが物理的に困難なため，この種の研究はほとんど行われてきませんでした。Henriksen (1999) が主張するように，母語や目標言語の観点から語彙学習のプロセスを記述するためには，語彙知識全体の体系（system）がどのように変化するかを研究する方法を探す必要があります。

1-2 第2言語の語彙習得プロセス

　第2言語の語彙習得のプロセスが，母語の場合と大きく異なっている点があります。それは，学習者は「概念」と「母語でその概念を表す単語」をすでに知識として持っていることです。第2言語の場合は，まず出会った単語の1つの意味を獲得し，その語の意味に相当する母語の単語の意味情報を目標語に転移させていると考えられています。

　しかし，ここで問題があります。言語間では，それぞれの単語の意味概念が完全に一致するとは限らないことです。特に日英語では，第2章でも取り上げたように，意味的・機能的なずれが存在します。たとえば，bookは「本」を意味しますが，場合によっては「予約する」という意味の動詞で使われることがあります。またbankは，「銀行」を思い浮かばせることが多いですが，「土手，急斜面，浅瀬」なども意味する多義語です。学習者は，その単語がどんな品詞か，また意味の境界線をどこに引けるか，などを絶えず模索しながら語彙を習得することになります。日本語と英語の語彙ネットワークがどのような形で存在しているのか，今後の研究成果を待ちたいと思います。

　第2言語における語彙習得のプロセスは，どのように記述できるのでしょうか。Hatch and Brown（1995）は，先行研究で使用されたストラテジーを分析した結果，語彙学習過程を「ふるいの連続」にたとえて，5段階があると定義しています。彼らは単語に出会ってから，単語を習得して再生するまでの段階を図3－2のように示しています。彼らの5段階に関する説明を簡潔にすると，以下のように要約できます。

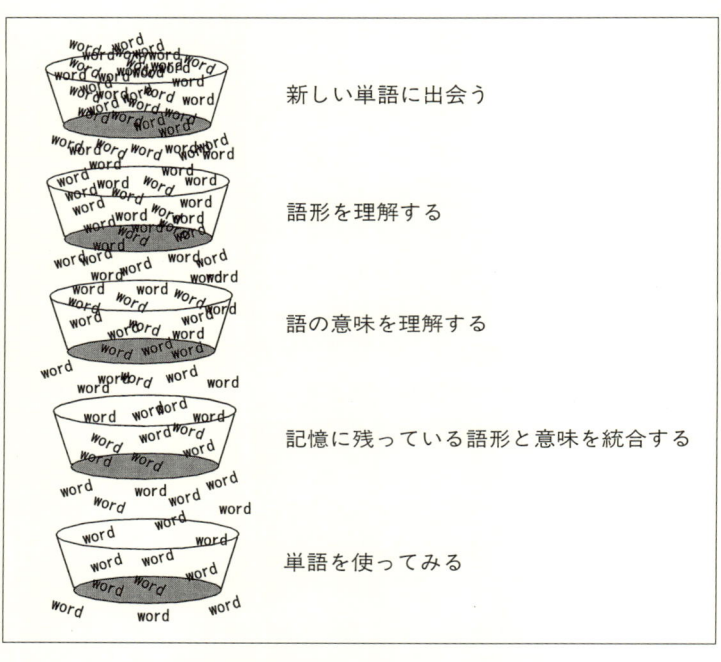

図3-2　L2の語彙習得モデル（Hatch and Brown, 1995）

●第1段階　新しい単語に出会う
　本，新聞，雑誌などを読んだり，テレビやラジオで聞いたりしながら，新しい単語に出会います。語彙の偶発的学習には重要な段階で，学習者の興味，動機，必然性などが，この段階に影響を与えます。ここで学習者が注意を払わなかった単語は，第2段階に進むことがありません。

●第2段階　語形を理解する
　単語を視覚的または聴覚的に，または両方の感覚で明確な単語のイメージを理解する段階です。たとえば，母語に発音が近

い単語を連想したり（「～でない」から deny），母語の表記体系を使って単語を綴ってみたり（ローマ字綴り），すでに知っている発音や語形が似ている他の英単語を連想したり（arrow から allow）する，などのストラテジーを使用します。語形の明確なイメージを持つことは，単語を思い起こす上で重要になります。

● 第3段階　語の意味を理解する

単語を習得できるかどうかに影響するもっとも重要な段階で，単語の意味を正しく理解することです。たとえば，母語話者に単語の意味を尋ねたり，自分と同じ母語を話す人にその単語の意味を尋ねたり，心の中で単語の意味のイメージを作ってみたり，自分が言いたいことをだれかに説明して該当する単語を言ってもらったりする，などのストラテジーを使用します。

● 第4段階　記憶に残っている語形と意味を統合する

フラッシュカード，組み合わせの問題，クロスワードパズルなどを使って，語形と意味の結びつきを強化する段階です。この段階のストラテジーはたくさんありますが，頭の中で語形と意味のつながりを作り出してみたり，イメージと音をあてはめてみたり，よく復習したり，体を動かして学習したりする，などの4つに大別できます。

● 第5段階　単語を使ってみる

覚えた単語の語形と意味を記憶から消さないために，単語を使う活動が効果的です。その単語を受容語彙として部分的に知っている場合でも，その単語を使用する経験によって，より受容語彙としての定着が期待できます。

Hatch and Brown（1995）の5段階の語彙習得プロセスは，語彙知識が徐々に増殖していく現象をうまくモデル化しています。しかし，Harley（1995）は，「学習者は完全か無かの状態で単語を知っているわけではなく，その単語を部分的に知っているという段階を経験する」と説明しています。つまり，学習者の語彙知識は，「単語の認知」から「いくつかの部分的な知識」の段階を経て「単語の全体的な知識」に結びつくと考えられますが，単語を部分的に知っているという段階がかなり長いと考えられます。Hatch and Brown のモデルではどの段階も等間隔に並んでいますが，単語や学習環境によって各段階の間隔が異なることも十分に予想されます。また，場合によっては，第3段階にあった単語の知識が，第2段階に逆戻りしたり，第2段階と第3段階を一気に通り過ぎたりする，などの現象が，しばしば起こっていると考えられます。このモデルでは，この点もうまく説明することができません。今後，さらにモデルが改善されることが期待されます。

1-3　形態論的知識の獲得

　語彙知識では，「意味」がもっとも重要と考えられていますが，それだけでは単語を使えるようになりません。前項で述べたように，Aitchison（2003）は，語彙知識は意味的，音韻的，書記体的，統語的なネットワークから構成されていると主張しています。ここでは，どのように統語的知識が獲得されるかを，特に屈折形（inflectional form）と派生形（derivational form）などの形態素の観点から考えてみます。

　語彙は，基本形（base word），動詞の活用や名詞・形容詞の屈折語尾のついた屈折形，接辞の付加で作られた派生形に分類されます。たとえば，図3－3に示す happy という単語の場合，

基本形がhappy，比較級・最上級などの屈折形はhappier, happiest，派生形はhappiness, happily, unhappy, 複合語はhappy-juiceなどになります。学習者は，同じような中核的な意味を持つ単語の基本形，屈折形，派生形，複合語などを処理することになります。

```
┌─────────────────────────────────────────────────────┐
│          屈折形 (名詞，形容詞                        │
│              の屈折，動詞の                          │
│              活用)                                   │
│          (happier, happiest)        ┌──────────┐    │
│                                     │ happily  │    │
│  基本形  派生形 (接頭辞・接尾        │happy unhappy│ │
│  (happy) +  辞による品詞や    ⇨    │happy-juice│   │
│              意味の変化)            │ happiness │    │
│          (happiness, happily,       └──────────┘    │
│              unhappy)                                │
│          複合語など                                  │
│          (happy-juice)                               │
└─────────────────────────────────────────────────────┘
```

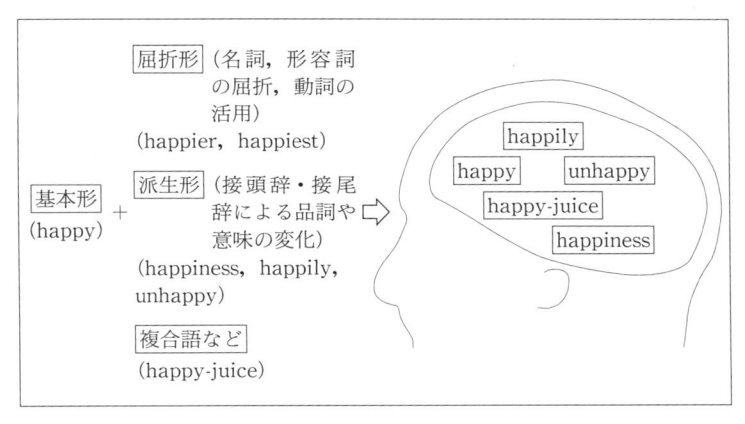

図3-3　学習者の語彙知識（happyの例）

　学習の初期段階では，名詞・形容詞・動詞の屈折形をどのように作るかの規則を学習する機会があります。次の段階では，コミュニケーション活動の中で，屈折形を作る規則を使ったり，無意識のうちに屈折形の意味を理解したりしながら，屈折に関する知識体系を構築していると考えられます。

　しかし，派生形の場合は問題が複雑です。それは，どの単語にどの接辞を付加できるか，またその接辞がどんな意味なのかは個々に覚える必要があるからです。Bauer and Nation (1993)は，派生形のうち規則的な意味や綴りを持つ21の接辞を挙げてい

ます。これらの接辞を使用できれば，「一度基本形や派生形の語を知れば，その語の基本形に属する語を認識するのにほとんど努力を必要としない」との理由で，これらの接辞が付加しても同じ語と数えるワードファミリー（word family）という単語の概念を提唱しています。表 3‐1 はその接辞を持つ語の例を示してあります。

　Bauer and Nation が主張するように，英語と同族語を母語とする場合は，言語間の類似性のために，これらの接辞の知識があり，基本形の単語を知っていれば，派生形の単語を理解したり使用したりすることが可能でしょう。しかし，日本人の学習者の場合はどうでしょうか。Aizawa (1998) は，大学 1 年生にこれらの21の接辞を持つ単語を 3 語ずつ提示して，共通する接辞の意味と品詞をたずねる調査を行いました。その結果，-ly, -y, -al, -ism, -ity, -ize, -ous の 7 つの接辞については，40%以上の学生が意味も品詞も正しく答えることができませんでした。この結果から，学習者には，ワードファミリーの概念による語彙の指導を行えるだけの十分な接辞の知識が備わっていないことが判明しました。そのため，Bauer and Nation の「一度基本形や派生形の語を知れば…」という主張は，この調査の対象となった大学生レベルまでの学習者の場合は再考する余地があります。

　さらに，Mochizuki and Aizawa (2000) は，これらの接辞を含む13の接頭辞と16の接尾辞がどのような順位で習得しているかを日本人高校生と大学生に調査しました。北大語彙表に基づく語彙サイズのテスト（望月，p. 211参照）によって学習者をレベル別に分けましたが，どのレベルでも接辞の習得順位がほぼ同じでした。また，接辞の理解度と語彙サイズの関係は表 3‐2 と表 3‐3 の通りでした。たとえば，re-, un-, pre- の接頭辞に関しては，語彙サイズが3,000語を越えた学生は，平均で80%以上の理

表3-1 ワードファミリーに含まれる接辞（Nation, 2001, p.268 改訂）

Stage 1
-able (comfortable, suitable), *-er* (driver, teacher),
-less (careless, powerless), *-ly* (badly, loudly),
-ness (happiness, illness), *-th* (fourth, fifth),
-y (windy, dirty), *non-* (nonsense, non-stop),
un- (unlucky, unwise)

Stage 2
-al (musical, national), *-ation* (situation, education),
-ess (hostess, princess), *-ful* (careful, hopeful),
-ism (nationalism, journalism), *-ist* (pianist, violinist),
-ity (quality, majority), *-ize* (organize, hospitalize),
-ment (movement, development), *-ous* (dangerous, ambitious),
in- (informal, indirect)

表3-2 接頭辞の理解度と語彙サイズの関係

習得順位	接頭辞	語彙サイズと理解度
1	*re-, un-, pre-*	3,000語レベルで80%
2	*non-, ex-*	4,000語レベルで80%
3	*anti-*	5,000語レベルで80%
4	*semi-, en-, post-*	4,000語レベルで60%
5	*inter-, counter-, in-*	5,000語レベルで40%
6	*ante-*	語彙サイズにより微増

表3-3 接尾辞の理解度と語彙サイズの関係

習得順位	接尾辞	理解度
1	*-ation, -ful, -ment*	3,000語レベルで80%
2	*-ist, -er, -ize, -al, -ly*	4,000語レベルで80%
3	*-ous, -ness, -ism, -able*	5,000語レベルで80%
4	*-less, -ity*	5,000語レベルで60%
5	*-ish, -y*	語彙サイズにより微増

解度があったことを示しています。接頭辞でも接尾辞でも,習得順位が1位から3位のグループまでの接辞を,80%以上正しく理解するためには,1,000語ずつ段階的に高い語彙サイズが必要なことが読みとれます。この横断的な調査が,学習者の接辞の習得を長期的に調査したと仮定できれば,語彙の統語的規則にも習得順位が存在していると解釈できます。語彙サイズがある程度わかれば,そのレベルで習得する接辞がある程度予測できると思われます。

●指導へのヒント

　母語話者は,ラベルづけ,箱詰め,ネットワーク構築というプロセスを経て,語彙を習得していきます。第2言語学習者は,母語の概念の利用により箱詰めの段階を省略できると考えられます。すなわち,既知の概念に新しいラベルづけすることがもっとも重要な段階となります。このためには,既知の概念を表わす新しい単語の音声や綴りなどを提示して,その結びつきを強める指導が重要になります。

　Hatch and Brown (1995) の語彙習得の5段階によれば,学

習者が注意を払わない単語は次の段階に進まないことになります。これにしたがえば，これは知っている単語，または，知らない単語と学習者に絶えず意識させることが重要になります。しかし，英語学習は語彙学習で終わるものではありません。未知語に意識を集中させすぎたために，談話全体の理解がおろそかになっては本末転倒です。リーディングやリスニングでは，まず概要をつかむことに主眼を置くべきでしょう。それが達成されたあとで，未知語に注意を向けさせる指導を行うのが望ましいでしょう。

　Mochizuki and Aizawa (2000) はもっとも早く習得される接辞として re-, un-, pre-, -ation, -ful, -ment を挙げています。これらの接辞を教えることは，学習者の語彙を増強させる上で効果的と考えられます。

まとめ

- 母語や外国語には語彙知識のネットワークが存在している。しかし，それぞれがどう構成されているか，不明な点が多い。
- 語彙の習得には，単語に出会ってからその単語を使うまで，5つの段階がある。
- 語彙サイズと接辞の習得は関連している。

2 単語の意味を知っていれば，使うことができるか

2-1 受容語彙と発表語彙の質的相違

　単語の意味を知っていれば，その単語を使うことができるのでしょうか。第 2 章でみたように，Nation (1990) は，「出会ったときに単語を認識し意味を思い出せる能力」を受容語彙能力，「適切なときに必要な単語を言うことや書くことができる能力」を発表語彙能力と区別しています。つまり，私たちが一般にその単語を「知っている」と考えている場合は，その単語の受容語彙能力を持っていること，その単語を「使える」の場合は，発表語彙能力を持っていることを意味します。

　一般的には，受容語彙と発表語彙は二分法で分けられるものではなく，語彙知識の状態は受容語彙から発表語彙に至る連続体をなしており，受容語彙が徐々に発表語彙に変化していくと考えられています。Henriksen (1999) らの受容語彙から発表語彙の連続体のモデル（continuum model）を図式化すると，図 3-4 の

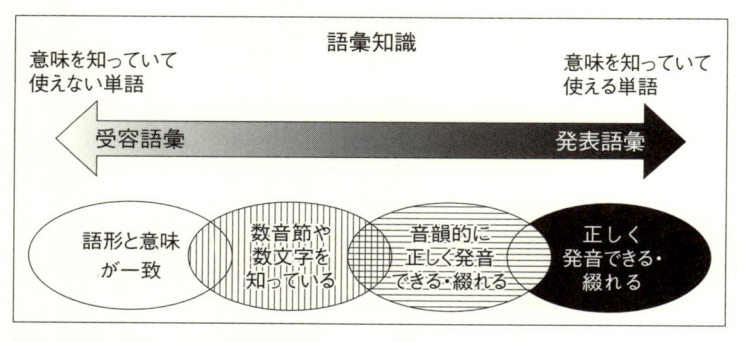

図 3-4　受容語彙から発表語彙への変化　　　　（Henriksen, 1999 より作図）

ようになります。

　Melka（1997）は，先行研究を概観した結果，受容語彙から発表語彙への変化にはいくつかの段階があり，受容語彙から発表語彙に徐々に発展的に変化すると結論づけています。さらにその語が発表語彙なのか受容語彙なのかは，その語に対する学習者の親密度によって決定されること，受容語彙と発表語彙は知識を相互に補完していること，などを主張しています。彼女が提唱する受容語彙から発表語彙への段階は，以下の4段階があります。

　　第1段階　模倣（imitation）と理解を伴わない再生（reproduction without assimilation）
　　第2段階　理解（comprehension）
　　第3段階　理解を伴った再生（reproduction with assimilation）
　　第4段階　表出（production）

　第1段階は，聞いた内容をオウム返しに繰り返すことで，その単語の意味を理解していない段階です。この段階では，語形と意味が一致していませんから，受容語彙として定着する以前の段階です。第2段階では，理解が加わりますから，リーディングやリスニングで受容語彙として使用できる状態になります。第3段階は，意味を理解した単語を再生できる段階です。ある程度のヒントがあれば単語が使える状態で，条件が整えば発表語彙として使用できる能力があると考えられます。第4段階は語彙知識が十分に備わり，ライティングやスピーキングで必要に応じて発表語彙として自由に使える状態です。

　ここで注目したいのは，すべての語彙が第1段階から第4段階まで同じようなプロセスで変質していくとは限らないことです。一度出会った時に理解しただけで表出ができるようになる単語が

ある一方で，いくら模倣の練習を積んでも他の文脈では理解には至らない単語があります。つまり，リーディングの時に一度出会っただけで意味を理解し，そのまま使えるようになる単語がある一方で，その単語の意味をかなり以前から知っているが，ライティングやスピーキングの活動では使うことができないという現象が起こる場合があります。

また逆に，ある単語の限定された意味では，その単語を発表語彙として再生できるのに，それ以外の意味では受容語彙として完全には理解できないこともあります。Melka (1997) は，どの段階で受容的知識が発表的知識に変化したと言えるのかは不明確で，語の知識はある面では発表語彙レベルだが，他の面では受容語彙レベルということもあると示唆しています。たとえば，fine という語を「よい」という意味の形容詞で知っていても，「罰金」という意味の名詞では使えない場合があります。Waring (1998) も，彼の実験から，受容語彙から発表語彙への移行には時間的なズレが存在している可能性を指摘しています。

ここまで，受容語彙と発表語彙は二分法で分類できるものではなく，語彙知識は受容語彙から発表語彙へ徐々に変化していくこと，両方の知識は相互に補い合っていること，語彙知識の変化はすべての単語で必ずしも同じような発達段階を経ていないこと，などを概観してきました。授業では，この単語は発表語彙として，または受容語彙として，という具合に色分けして指導する場合もありますが，学習者が高頻度の語に対して親密度を高めていくことをまず念頭に置く必要がありそうです。

2-2 受容語彙と発表語彙の数量的変化

 それでは受容語彙と発表語彙はどれくらい数量的な違いがあるのでしょうか。Melka（1997）は，先行研究を表3-4のようにまとめています。この表によると，母語話者の受容語彙は発表語彙の4～5倍にもおよび，第2言語学習者の場合は2倍となります。

 しかし，最近の研究ではそれほど違いが大きくないという結果が報告されています。Laufer（1998）は，イスラエル人の高校2，3年生で発表語彙は受容語彙の73%～89%であったと報告しています。同様に，Fan（2000）もLauferとほぼ同じ実験を行い，香港の大学生の発表語彙は受容語彙の53.0%から81.3%までの割合に分布し，その割合は専攻分野や英語力のレベルによって大きく異なると結論づけています。

 この結果から得られる示唆は，日本人学習者の場合の受容語彙は発表語彙の約2倍という説が従来から支持されてきましたが，実際にはそれほど違いがない可能性があります。また，学習段階が高くなるにしたがってその差が大きくなる傾向があると思われます。たとえば，中学校段階では受容語彙と発表語彙の数の違いは小さく，大学受験を控えた高校になるとその差が大きくなることが予想されます。

表3-4 受容語彙と発表語彙の数量的比較 （Melka, 1997より作表）

先行研究	被験者	受容語彙 vs 発表語彙
Chamberlain(1965)	英語母語話者	5 : 1
Heartmann(1946)	英語母語話者 大学2年生	4 : 1
Eringa(1974)	第2言語学習者	2 : 1

それでは，日本人の語彙知識は数量的にどのように変化するのでしょうか。Schmitt and Meara (1997) は，日本人高校生と大学生の語彙能力をレベルズテスト (Vocabulary Levels Test, Nation, 1990) と，目標語20語に関する接辞のテストで，学年開始時期と終了時期にそれぞれ調査しました。その結果，語彙サイズは平均で3,900語から4,230語へと，1年間で330語の伸びしか認められませんでした。もっとも大きな伸びが見られたのは高頻度 (2,000語) レベルの単語でしたが，必ずしも高頻度の単語が3,000語レベル以上の低頻度の語彙よりも早く習得されるとは限らないことがわかりました。接辞の知識の調査では，全体的にわずかな伸びが認められましたが，被験者の派生形の接辞に対する関心は低いことがわかりました。

　これらの先行研究で注意が必要なのは，受容語彙と発表語彙の測定方法です。Read (2000) が指摘していますが，測定方法がまちまちなため，測定結果の数字だけを単純に比較できないという限界があります。この原因は，発表語彙や受容語彙の定義が研究者によって異なるため，その境界線がどこに引けるのかが明確でないことにあります。

　しかし，興味深い教育的な示唆として次の2点が考えられるでしょう。1つは，受容語彙を増やしていけば，発表語彙も自然に増えていくというKrashen (1989) の主張は，日本の学校教育現場ではあまり期待できないことです。母語話者の子供やESLの学習者であれば，膨大な量の語彙に接する機会がありますから，飛躍的に受容語彙が増えて，意図的な努力をしなくても発表語彙が自然に増えると予想できます。しかし，日本の学習環境ではインプットの絶対量が不足しています。どうしても使えるようにしたい単語は，受容語彙や発表語彙として使う練習が繰り返し必要だと思われます。

もう1つの示唆は，学習者は必ずしも頻度順に語彙を習得しているのではないことです。頻度が高い語は，教材に使用される英文の中に含まれている可能性が高くなります。高頻度の2,000語は，テキストの約80％をカバーしています。しかし，どんな種類のテキストであっても，トピックに関する分野の特殊な語彙が必要になります。たとえば，かつて中学校用の教科書に酸性雨（acid rain）という表現が用いられていました。acidは頻度の低い語ですが，テキストのテーマには重要な表現なので，学習者はこの単語を覚えることになります。このようにして，外国語学習という特殊な条件下では，習得される語彙は使用する教材に大きく左右されます。その結果，学習者は，特定の低頻度の語彙を学習する一方で，英語圏では高頻度の生活語彙を知らないことがあります。

　学習者の習得語彙と頻度の関係は，図3-5のようなピラミッドになっていると思われます。ピラミッドを構成する白の部分は習得語彙で，黒の部分は未習得の語彙です。ピラミッドの底辺を構成する頻度が高いレベルほど習得語彙は多くなりますが，その中には未習得語彙があります。ピラミッドの上部の頻度が低い語彙レベルでは習得語彙の数が減りますが，頻度が低くても少数の語に関しては習得している可能性があります。頻度が高いのに学習者が知らない単語があれば，その語はいずれどこかで出会う可能性がありますから，意図的に学習させる必要があります。

●指導へのヒント

　受容語彙や発表語彙として定着する速度は，単語によって異なります。さらに，発表的に使う語彙は，興味の違いなどのために学習者によって異なります。しかし，ほとんどのテキストでは高頻度の2,000語で80％をカバーできるという事実を考慮すると，

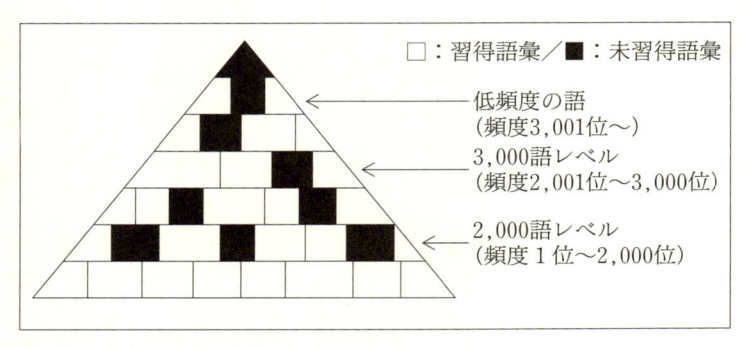

図3-5　学習者の習得語彙

どのようなトピックであれ、英語を言わせたり、書かせたりして発表的にたくさん使わせることにより、2,000語を発表語彙の状態にすることを目標に掲げられます。

学習者は語彙を頻度順に習得するとは限りません。学習者が知らない高頻度の語は、意図的に指導する必要があります。

> **まとめ**
> ・単語を知っている段階から単語を使える段階までは、語彙知識の連続体の状態で、学習経験に伴って移行する。
> ・受容語彙と発表語彙の定義が研究者によって異なるが、受容語彙は発表語彙のおおよそ1.5倍から2倍と考えられる。

3　すぐ覚えられる単語となかなか覚えられない単語

単語の中にはすぐ覚えて使えるようになる単語と、なかなか覚えられない単語があります。この現象にはいくつかの複雑な要因が関係していると思われます。Laufer（1990, 1997a）は、単語

の学習のしやすさに関する文献を概観して,語彙の習得を促進させる要因を表3-5のように示しています。主な要因は,音韻的,文法的,意味的な要因の3つで,これらの要因を満たしていないと,語彙の習得がむずかしくなると説明しています。しかし,他の研究で言及される「単語の長さ」,「品詞」,「具体性・抽象性」の3つの要因は,その影響が明確でないとして,この表には入れてありません。

表3-5　語彙習得を促進させる要因　　　（Laufer, 1997a より作表）

音韻的要因	母語に近い音素,音素配列の規則性,強勢,音声と綴りの一貫性
文法的要因	屈折形・派生形の規則性,形態素の意味の明解さ
意味的要因	普遍性,言語使用域の中立性,意味の一義性

　一方,Ellis and Beaton (1993) は,母語,目標語,未知の媒介の3つの観点から語彙習得に影響を与える要因のモデルを示しています。説明を具体的にするため,図3-6では「犬」を例として示しています。

　このモデルでは,日本語では「犬」という単語の長さが要因となります。一方,目標語の dog は,「日本語との音韻的類似性」,「発音のむずかしさ」,「日本語との書記法の類似性」,「英語での単語の長さ」が要因になります。未知の媒介としては,「品詞」,「頻度」,「イメージのしやすさ」とその他の要因が介入します。この場合は,短くて具体的な「犬」という単語を例にしましたが,それでも「日本語との音韻的類似性」,「日本語との書記法の類似性」はマイナス要因となります。このモデルに従えば,「犬」のような簡単な単語でも,日本人学習者の越えるべきハードルが存在しています。

```
    日本語との書記法    英語での                    日本語での
      の類似性       単語の長さ                   単語の長さ
           ↘         ↓          品詞  頻度  イメージのしやすさ    ↓
          ┌─────────┐         ↓   ↓    ↙          ┌─────────┐
          │  英語   │ - - - - - ?  - - - - - - - - │ 日本語  │
          │   dog   │           未知の媒介          │   犬    │
          └─────────┘                              └─────────┘
               ↑
         発音のむずかしさ
               ↑
      日本語との音韻的類似性
```

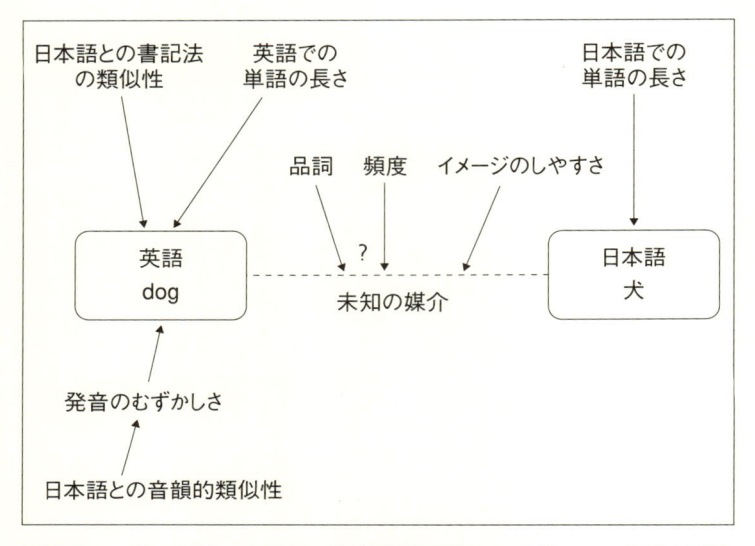

図3-6　語の学習しやすさの決定要因（Ellis and Beaton, 1993 改訂）

　Laufer の3要因の観点から，考察してみましょう。まず，音韻的要因では，その語が発音しやすければそれだけ音韻を手がかりにして綴りや意味もまとめて覚えることができます。逆に，発音が不規則な単語や音節数が多くて発音しにくい単語などは記憶に残りにくくなります。また，発音がむずかしい単語は，書くこともむずかしくなります。Ellis and Beaton は，発音がむずかしい単語は，発音がむずかしくない単語よりも習得の速度が遅いという実験結果を報告しています。

　統語的要因では，屈折形や派生形の複雑さなどがあります。一般に品詞別では，名詞がもっともやさしく，副詞がもっともむずかしく，動詞と形容詞はその中間のむずかしさになるという報告があります。Ellis and Beaton は，名詞の方が語の心的イメージ（mental image）を作りやすいために，名詞が動詞よりも記憶に

残りやすいことを調査で明らかにしています。また，Brown (1993) や Paribakht and Wesche (1997) は，名詞，動詞，形容詞などの内容語は，冠詞や前置詞などの機能語よりも容易に学習されると報告しています。

しかし，品詞別の語彙数では名詞がもっとも多く，副詞は比較的頻度が低いこと，意味情報の伝達では名詞と動詞がもっとも重要なこと，などの要因を考慮すると，Laufer の主張のように必ずしも単純に比較できる問題ではないようです。

意味的要因には，意味の普遍性，言語使用域の中立性，意味の一義性が挙げられています。学習者は，語彙に関する背景的知識が限られるため，ある分野で高い頻度で使用される単語を，別の分野の特殊な意味で使用してしまうことがあります。どんな分野の意味で使用するか，口語体か文語体か，使用するのはどんな場面か，などによって，使用する語彙を選択する必要がある場合は，その語彙の習得がむずかしくなります。また，単語の持つ意味の数も大きな要因です。たとえば，数，曜日，色，物の名前などを表す語などは，意味の数が少ない端的な例として挙げられます。

これまで語彙習得に関わる要因をいくつか検討してみました。単語の学習しやすさは1つの要因で決定するわけではなく，複数の要因が複雑に絡み合っています。これに学習者側の学習動機や背景的知識などの要因も介入すると，その単語のむずかしさを単純に予測することは困難です。しかし，それぞれの単語のむずかしさがどの要因にあるのかを，教師が特定しながら教える必要があります。その単語の難易度をもっとも簡便に判別する方法は，教師自身の英語学習者として経験なのかもしれません。

● 指導へのヒント

単語の難易度を予測するための客観的な指針は，存在しません。

教師の学習者としての経験を指導に活かすのがもっとも有効だと思われます。identity, integrity のように日本語訳を見てもよくわからない新しい概念をもつ語はなかなか覚えられないものです。生徒が概念を理解できるように指導する必要があるでしょう。

　単語のどんな側面が学習を困難にしているかの事例を集めることは、今後の指導に役立つでしょう。

まとめ
- 語彙の学習には、音韻的・文法的・意味的要因が影響する。
- 発音がむずかしく、意味が多く、イメージしにくい語彙は習得がよりむずかしい。

4　何回出会えば単語は覚えられるのか

　単語は何回学習すれば覚えられるのでしょうか。学習の方法によって回数が異なりますから、ここでは単語の練習問題で直接的に学習する場面ではなくて、内容理解のためにテキストを読んでいるときに出会った単語を想定したいと思います。

　テキストの中で繰り返し出てくると、単語を学習するのが容易になるのはなぜでしょうか。もっとも大きな理由は、テキスト中で繰り返し多様な意味や用法で単語が用いられれば、学習者は内容全体の意味を読みとりながら、その単語の意味を明らかにできることがあるからです。いわゆるトップダウン（top-down）の読み方をすれば、テキスト全体や未知語の周辺の文脈が手がかりになります。そのテキストのテーマに直接関連した語は、テキストの内容との関連で特に記憶に残りやすいと思われます。また、高頻度の語の場合は、学習者がすでにそのテキスト以外のどこかで出会い、テキストを読みながら最初に出会ったときの不完全な記

憶を呼び起こしつつ意味を思い出す，ということも考えられます。

　繰り返しの効果は外国語学習の場面でも，昔から取り組まれてきた研究課題でした。Saragi, Nation and Meister（1978）は，テキストに6回未満の回数で出てきた単語は半数の被験者に学習され，6回以上出てきた単語は93％の被験者に学習されたと報告しています。この結果からSaragiらは，リーディングの場合は6回が学習するまでに必要な回数であると報告しています。

　また，Rott（1999）は，リーディングのテキストで目標語が出てくる回数を2回，4回，6回に統制して，語彙の学習に及ぼす頻度の効果を調査しています。その結果，2回出てきただけでも語彙の学習が確認されました。4回出てきた場合は，2回出てきた場合と，学習量にあまり違いが見られませんでしたが，6回になると学習量がさらに多くなることがわかりました。この傾向は，1週間後と1ヶ月後の調査でも確認されています。結果として，Saragiらの「6回説」を支持することになりました。しかし，彼女の実験は，目標語が名詞と動詞それぞれ6語で計12語しか調査していないこと，また繰り返しの回数も6回までで，それを越える回数で調査していないこと，などの点で限界があります。

　さらに，Zahar, Cobb and Spada（2001）らは，テキストに目標語が出てくる回数と学習者の語彙力が語彙の学習量に及ぼす影響を調査しています。この実験で興味深い点は，学習者が一度テープを聞きながら目でテキストを追って，その後テキストを読み直す時間を十分に与えたことです。この方法によって，学習者が確実にそのテキストを黙読し，わからない単語を辞書で引かないように工夫しました。2日後にテキストを読む前と同じ単語のテストを実施しました。その結果，テキストの中に出てきた単語の頻度とその単語をテストで正解した学習者の数には相関関係がありました。しかも，学習者のレベルが低いほど単語の頻度と語

彙の得点の相関が高いことがわかりました。つまり，語彙知識の少ない学習者ほど，新しい単語を学習するまでに多く出会う必要があるということです。もう1つの発見は，事後テストで正答が多かった単語は，文中で使われた回数が多かったことです。正答した語の使用頻度の平均は7回で，正答でなかった語の平均は2.75回でした。

　これらの先行研究は，語彙学習における繰り返しの効果を調査していますが，繰り返しだけでは語彙学習を説明できません。繰り返し以外にも，たとえば目標語の意味を正確に予測させるだけ十分な意味的または統語的な手がかりがあるか，目標語はテキストの内容を理解する上で重要な単語か，学習者の読解力とテキストのレベルは一致しているか，など考慮すべき要因はたくさんあります。先行研究の結果は，これらの条件がある程度統制されていて，目標語の意味を文脈から推測できる環境が整えられていることを前提条件として考える必要があります。

　以上の先行研究から得られる示唆は2つあります。1つは，繰り返しには効果があり，約6回以上テキストの中で使われていれば，自然に学習できる可能性があることです。同じ単語の繰り返しは，多読やリスニングで経験できます。できるだけたくさんのテキストを読んだり，聞いたりすることが重要ですが，授業だけでは限界があります。長期の休みなどを利用して，十分な量のインプットの機会を提供したいものです。

　もう1つの示唆は，繰り返し効果が期待できない場合，つまりその単語が繰り返し出てこない場合は，何らかの工夫をして学習者が繰り返し接する機会を保証することが必要だということです。たとえば，授業中に使用教材の中に重要な単語が1回しか出てこない場合は，その単語を内容理解の設問に使用したり，教材のテープや教師の範読を繰り返し聞く機会を設けたり，例文を提示

したり，などの方法で頻度の不足を補うことができると思われます。

●指導へのヒント

教科書では，新出語が6回以上繰り返し使われていることはほとんどありません。したがって，教科書を読んでいれば自然と新語が学習されるということは期待できません。新語が定着するような活動を与える必要があります。1つには，教科書で扱ったトピックに関する別のテキストを読ませたり，異なった文脈で接する機会を提供したりする活動が考えられます。もう1つには，第4章で挙げる定着のための活動が考えられます。

> **まとめ**
> ・読みながらある語に6回以上出会うと，学習できる可能性が高い。
> ・語彙知識が少ない学習者ほど，出会う回数が多くないとその語を習得できない。

5 無意識のうちに単語を覚えている？

5-1 意図的学習

語彙学習は，語彙学習を直接的目的として行う意図的学習（intentional learning）と，英語使用を目的としながら副産物として語彙を学習する偶発的学習（incidental learning）とに分類されます。この区別は明確ではなく，新しい単語を学習しようとして直接的な努力をするかどうかで区別しています。一方では，

Hulstijn (2001) のように,意図的学習と偶発的学習の区別は語彙学習の研究には重要ではなく,むしろ学習で起こる心的処理過程 (mental processing) の質の方が重要であると主張する研究者もいます。しかし,ここでは便宜上,意図的学習と偶発的学習に分けて考えます。

　どちらの語彙の学習も,車の両輪のような関係です。たとえば,リーディングやリスニングで,偶発的学習によって部分的に得た語彙を,単語帳に整理することによって意図的に学習することもあります。また,単語集などで意図的に学習した単語を忘れかけていたのに,たまたまリーディングの活動中に出会ったことにより,記憶に整理されるような場面はよくあることです。このように,両方の学習は互いに補い合って,語彙習得に寄与していると思われます。

　意図的学習は,おもに2つの理由で重要と考えられています。最大の理由は,偶発的学習で習得できなかった語彙を意図的に学習する機会になるからです。Zahar *et al.* (2001) の中学生を対象とした実験では,2,098語のテキストに30語の未知語を組み入れた物語を辞書なしで読ませましたが,学習できたのは未知語のうち平均で2.16語でした。毎時間同じようなリーディングの授業を行ったとしても,1年間で習得できるのはたった70語前後であると彼らは推測しています。Aizawa (1999) も,日本人高校生や大学生を対象とした語注の付いたテキストや,辞書を使用した場合のリーディングの実験で,どのくらいの偶発的学習が可能かを試算し,1,000語のテキストで約15語という結果を出しています。この割合でリーディング活動のみで語彙を学習すると,3,000語を習得するまでには,単純計算で20万語のテキストを読む必要があります。語彙の学習のために,これだけの分量のテキストを読むことは,容易なことではありません。

もう1つの理由は，核となる高頻度の語彙（core vocabulary）は2,000語（ワードファミリー換算）と言われ，この頻度までの語彙でのテキストの語彙カバー率は，急カーブで上昇するからです。これらの2,000語は，West（1953）の *General Service List of English Words* というリストに含まれる語彙に基づいている場合が多いようです。Coady, Magoto, Hubbard, Graney, and Mokhtari（1993）は，これら2,000語の意味理解を速くするための練習をさせたところ，読解力が向上したと報告しています。

　GSLに1,000語を加えて3,000語を習得することは，英語学習者が到達すべき目標としてしばしば挙げられます。特にLaufer（1997b, 1992b）は，アカデミックなテキストのリーディングの場合は，3,000語を習得することが最低限必要である，と主張しています。これはいわゆる閾値レベル説（threshold level hypothesis）です。この説は，テキストの難易度や学習者の背景的知識・興味関心などを考慮に入れていない，と異論を唱える研究者もいます。そうではあっても，3,000語というレベルは，日本人学習者が目指す現実的な語彙サイズと考えてよいでしょう。

　それでは，語彙の意図的学習は効果があるのでしょうか。先行研究で特に効果があると報告されているのは，キーワード法（keyword method）です。この方法は，目標語に近い音韻または綴りを持つ母語の単語を手がかりとして，単語を学習する方法です。Hulstijn（1997）は，キーワード法として3段階を挙げています。

(1)音韻や綴りが目標語と似ている母語または目標言語の単語で，具体的なものを意味するキーワードを選ぶ
(2)目標語とキーワードの強い連想を構築して，目標語を見たり聞いたりしたときに，キーワードを連想できるようにする

(3) キーワードと目標語が示すものを結びつけるイメージを構築する

　母語が日本語の場合は，綴りが似ていることはありませんから，音声的に似ている語や句をキーワードにします。たとえば，dentist を考えてみましょう。歯科医院に行って座る診察椅子を思い出してください。歯科医院では，身動きができないほど「デーンと椅子に座る」と覚えます。次に dentist と出会ったときに，診察椅子を思い出し，その連想から「歯科医」を連想するという具合です。実際には，図3-7のような連想になります。

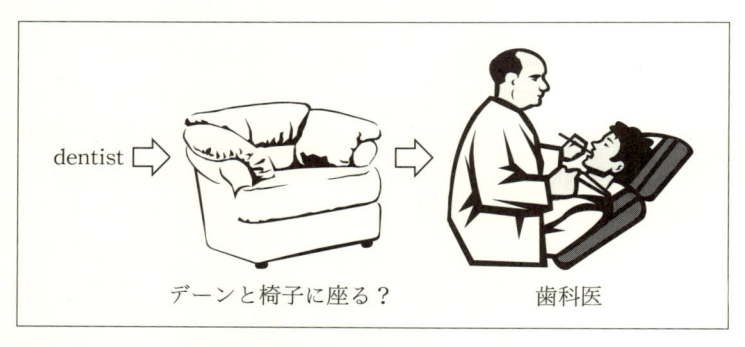

図3-7　キーワード法（dentist の例）

　キーワード法は，特に同族語の場合は効果があると思われますが，意図的学習の決定打にはなっていません。その理由として Hulstijn（1997）は，視覚的に認知できる物を表す単語にしか適用できないことを挙げています。日本語が母語の場合，年号の暗記のように，音韻的に一致する例を見つけだすことは困難です。この方法は，非常に限られた単語にしか使用できないと思われます。しかし，うまく語呂合わせができる単語があれば，学習効果が期待できます。この方法を用いた単語集が市販されていますが，

その中から特に使える単語だけを選んで利用してみるのはいかがでしょうか。

その他の意図的学習の例として，単語集による学習，単語カードの整理，単語を中心とした問題集，などが挙げられます。これらについては，第4章で取り上げることにします。

なお，意図的学習にも欠点があります。Oxford and Scarcella (1994) が指摘しているように，文脈から単語を取り出してリストにして学習することは単語の記憶に役立ち，特にテストなどの場合に有効ですが，忘れる速度も速いということです。リストによる学習は，偶発的学習の補助的手段としては使えそうですが，欠点を補うことも考える必要があります。

さらに，単語の学習だけでなく，学習した単語をどれくらい保持できるかの問題もあります。Bahrick (1984) は，学習のために何度も提示された単語よりも，たった1〜2度しか提示されない単語の方が，学習者の記憶に残った事例を報告しています。つまり，単語をどのくらい保持できるかは，その単語をどの程度の深さで処理したかによって決定するというものです。単語を音の連続として繰り返した場合は，処理レベルが低くて保持されにくいのですが，単語が文中でどのように使用できるかを考えたり，さらには例文で使用するなどの活動を行えば，処理が深まり記憶に残りやすくなります。

ここで得られる教育的な示唆は，偶発的学習だけでは必要な語彙を習得することが不可能であり，何らかの意図的学習が必要になる，ということです。その方法として，キーワード法，単語集，単語カード，などによる学習が挙げられます。学習者には，これらの方法を組み合わせて，意図的に単語を学習する重要性を理解させる必要があります。

5-2 偶発的学習

　偶発的学習（incidental learning）は，リーディングやリスニングの活動で，言語使用を目的としながら2次的に語彙を学習することと定義されています。たとえば，単語の発音に関しては，特に音声学や音韻論の科目で体系的に学習する機会がなくても，ある程度の発音の基礎知識を身につけることが可能です。その知識は，明示的に学習した知識ではなく，何度もその単語を発音したり，聞いたりしているうちに，少しずつ無意識のうちに発音に関する学習をしているのです。たとえば，ll- はウェールズ語ではしばしば語頭にくる綴り（銀行名のLloydsなど）ですが，英語でこのような綴りで始まる単語が文中に出てくれば，外来語であると気づくでしょう。

　語彙の場合には，Ellis（1994）が語形と意味の習得に関して，興味深い主張をしています。学習者は，語形の特徴（formal feature）に対してよりも，語の意味（meaning）に対して，より多くの明示的な注意を向けるとしています。さらに，語形（word form）に関する知識を構築してから，語の意味に注意を向けると説明しています。語形に関する知識を構築するため，同じ単語に何度も出会うことが重要と思われます。

　それでは，どんな条件で語彙を偶発学習しているのでしょうか。図3-8は，リーディングによる語彙の偶発的学習を比較しています。

(1) 未知語の推測練習

　テキストの読解に入る前に，別に準備した例文の中で未知語の意味を推測する問題を解かせ，それらの意味を導入してから読解

```
                    ┌─────────┐   ┌──────────────┐
                    │手がかりあり├──→│未知語の推測練習│
┌──────┐        ┌──→│         ├──→│語注の活用    │
│教科書の│────────┤   └─────────┘   └──────────────┘
│未知語 │        │   ┌─────────┐   ┌──────────────┐
└──────┘        └──→│手がかりなし├──→│辞書使用      │
                    │         ├──→│推測する・無視する│
                    └─────────┘   └──────────────┘
```

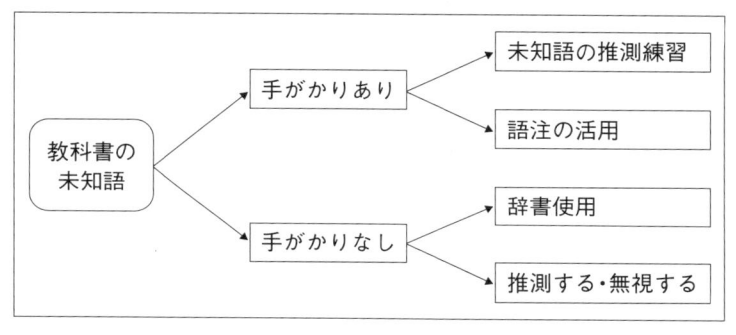

図 3-8　リーディングにおける語彙の偶発的学習

に移る方法です。特にテキストのキーワードを扱います。最近の高校の検定教科書では，この方法を採るものが増えてきました。

　未知語の中でも特に読解のカギとなる語に注意を向けさせ，その意味を導入した上で内容を理解させる手順は，語彙学習にも内容理解にも効果が期待できます。欠点は，未知語の意味の推測が可能になるような例文を準備する手間がかかることです。

例：次の斜体の語の意味に該当するものを選びなさい。

1. A baby horse was born this morning. I want to go to the *stable* to watch it.
   (a) a building for keeping horses
   (b) an open field to keep horses
   (c) a place for horses to be killed　　　　［解答は(a)］

2. Arriving at his home, the cowboy *hitched* his horse to a post.

> (a) pulled　　(b) tied　　(c) drew　　　　　［解答は(b)］

(2) 語注の活用

　サイドリーダーなどで多く見られる方法です。一般に語注は，本文の傍注や脚注にしますが，まとめて注釈として巻末に示す方法もあります。注釈は日本語や英語で与えられます。最近では，例のように，単に注を与えるのではなくて，与えられた選択肢から正しい方を選びながら注を利用する方法も提案されています。この提示方法は，未知語に対する処理レベルを高めるための工夫です。

　難点は，選択式語注の選択肢をどの程度の難易度で作成するかです。あまりやさしすぎると処理レベルが上がりませんし，むずかしすぎると誤った選択肢の意味で未知語を覚えてしまう危険性があります。

> 例：本文のテキストの下線を引いた単語の意味は，傍注の(a)か(b)のどちらかです。正しいと思う方に○をつけながら読んでください。
> 1. glaze　(a) to make something shining
> 　　　　　(b) to make something dark　　［解答は(a)］

(3) 辞書活用

　辞書を使用する場合は，内容理解に重要と思われる語の意味を確認しながら読み進めますから，内容理解が向上すると期待でき

ます。さらに,学習者には辞書が使えるという安心感を与えます。

　しかし,高校初級レベルまでの学習者の場合は,一般に,辞書を効率的に引くような訓練を受けていません。そのため,時間的な制約がある場合は,辞書を使用することが必ずしも内容理解を高めるとは限りません。たとえば,辞書を引いて読んだ部分を説明させてみると,語義の選び方が誤っていたために原典とはまったく異なった話になっていた,ということも起こります。どのような辞書活用のスキルがあり,学習者はそのうちどのスキルの習得を目指すかを明らかにする必要があります。

(4)　文脈からの予測・無視する

　未知語に対するヒントや辞書が使用できない場合は,内容的に重要であれば予測し,重要でなければ無視することが理想的です。特に,未知語の意味を無視するストラテジーは,あまり教師が推奨しませんが,実は重要なリーディング・ストラテジーの1つと考えられます。また,未知語の意味を,文脈の前後関係を手がかりにして予測できる場合もあります。(第4章を参照) このストラテジーを身につけないと,いつまでたっても自立した読み手にはなれません。

　しかし,内容理解のために未知語の意味を予測し,場合によっては無視することは,実はかなり高度なストラテジーです。未熟な読み手は,どの単語が重要なのかの区別をなかなかつけられません。

　以上のように,偶発的学習の4つの条件下で,それぞれ長所と欠点があります。内容理解のためのリーディング活動では,未知語の手がかりをどの程度与えたらよいかや,未知語の意味の処理にどの程度負荷をかけるかを教師が判断し,リーディング活動のタスクを決める必要があります。

●指導へのヒント

　高頻度の語の処理速度を高める訓練を意図的に行うと，読解力の向上が期待できます。

　教材に出てきた単語を偶発学習した場合には，意図的学習によって復習すると効果があります。

まとめ

- 語彙学習には，意図的学習と偶発的学習があり，両方の方法で語彙を補完的に学習している。
- 同じ単語でも語形は無意識のうちに，意味は意図的に処理される。

4 単語はどう教えたらよいのか

　第1章で，教師はどのような語をどれくらい教えるべきかについての指導計画を立てるべき，と論じました。しかし，現実には，教科書に出てくる語彙を中心に，どう教えたらよいかを思案することも多いでしょう。本章では，教科書を中心とした語彙の指導方法について紹介します。まず，指導を優先するべき語を，頻度を基準に選んでみます。次に，教科書に出てきた未知語をどのように扱ったらよいか，また和訳する方法以外に，意味を導入するためにはどんな方法があるか，などを紹介します。さらに，教科書に出てきた単語を定着・発展させるための活動例を取り上げます。最後に，教科書からはなれて語彙に直接焦点を当てた学習の方法について考えてみます。

1 教えるべき語と教えない語の区別

1-1 教科書の新出語の頻度

　検定教科書や多読教材には，ほとんどのページに複数の新出単語が出てきます。特に検定教科書に新出単語が出てくると，教師は学習者に辞書で意味を調べさせたり，発音練習をさせたり，綴

りを覚える練習をさせたりします。第3章では，指導を優先する語彙を選択するための1つの基準として頻度を挙げ，英語学習者の1つの到達目標として，5,000語または3,000ワードファミリーであることを紹介しました。ここで生じる疑問は，教科書はすべてこれらの高頻度の語彙で書かれているか，ということです。頻度の低い単語が含まれていれば，教科書に使用されている単語であっても，取捨選択しながら語彙を学習するべきでしょう。

　教科書のテキストの使用語彙は，第1章で紹介した Nation (2001) の *Range* というソフトを使用すると，GSL (*General Service List of English Words*) や AWL (Academic Word List) の語彙リストによる分析が可能です。ここでは，説明の都合上，このソフトを使って，*Genius English Course I* の Lesson 3 と Lesson 4 の2課を分析し，教科書の使用語彙の頻度分析例を示します。全文は，巻末の資料に示してあります (p. 227, 参考資料参照)。なお，固有名詞，数詞，地名などは語彙頻度を調査する都合上，分析から除いてあります。分析の結果の前に，まず全文を読み，どちらの課のほうに使用頻度が低い単語が多く含まれているかを考えてみてください。

表4-1　*Genius English Course I* の語彙頻度分析

Word List	Lesson 3 (%)	Lesson 4 (%)
1st 1,000	399 (87.5%)	366 (92.2%)
2nd 1,000	20 (4.4%)	20 (5.0%)
Academic Word List	6 (1.3%)	3 (0.8%)
Not in the Lists	30 (6.8%)	9 (2.0%)
Total	455 (100 %)	398 (100 %)

表4-1の結果を見てください。Lesson 3では，1,000語レベルで87.5%，2,000語レベルで4.4%ですから，GSL のカバー率は合わせて91.9%になります。さらに AWL を加えると，1.3%上昇して93.2%になりました。一方，Lesson 4では，1,000語レベルで92.2%，2,000語レベルで5.0%ですから，GSL のカバー率は合わせて97.2%になります。AWL を加えると98.0%となり，読解用教材としては理想的です。

以上のように，語彙の頻度だけから見ると，Lesson 4の方がLesson 3よりもやさしそうです。初めに予想した結果と比べてみてください。予想と逆の結果になっていませんか。では，どうしてこのような結果になったのでしょうか。リストに含まれない語を分析するとその違いがよくわかります。

表4-2　Lesson 3と Lesson 4で GSL と AWL に含まれない語彙
Lesson 3

cameraman	episode(s)	executives	fantasy(-ies)
festival	fiction	galaxy	graduating
graduation	menace	movie(s)	part-time
screenplay(s)	storytelling	traffic	vocation

Lesson 4

dawn	housework	kilometer(s)	notebook(s)
panther	passport	sandal(s)	slippery
witch(es)			

両方のリストを比較すると，本文のテーマが大きく影響している事実が読みとれると思います。Lesson 3は，"George Lucas"というタイトルで，アメリカの映画監督に関するドキュメンタリーです。そのため，映画に関する用語で，日本語でもカタカナ

英語として使用されている語彙がいくつもあります。たとえば，cameraman, episode, fiction, movie などの単語です。このように，日本語では頻度が高いと思われる語であっても，GSLやAWLのリストに含まれていません。しかし，背景的知識や日本語からの連想で，これらの語の意味を推測するのはむずかしくありませんし，学習者もすでに知っている可能性もあります。一方 Lesson 4 は，"Proud Panther" というタイトルで，ギニアに住む Finda という少女の生活に関する説明文です。たくさんの生活用語が使用されている上に，多くの地名や固有名詞が分析から除かれています。これらの語を除いてしまうと，頻度の低い語はあまり残りません。以上の点から，Lesson 3 と Lesson 4 の違いは，映画関連の語彙がリストになく，日常生活語彙はリストに含まれている点にあると結論づけられます。その結果，読んだ印象以上に分析結果が異なっています。

この語彙分析でお気づきのとおり，中学校用や高等学校用の検定教科書には，新出語がどの頻度レベルなのかの情報は何も与えられていません。学習者は，教師が指導しなければ，新出語という理由だけですべての単語を重要と考え，一生懸命覚えようと努力します。新出語の中には，トピックの関係で，一生のうちで二度と出会わないような低頻度の語も含まれている場合があります。重要なことは，教科書の新出語彙を，頻度の観点から一般的な単語と稀な単語に区別して，どの単語を優先すべきかを学習者に示すことです。

語彙の頻度を調べるための基準として，第1章で紹介した *JACET 8000* などの語彙表や，*Range* などのコンピュータソフトを使用すると客観的な頻度情報が入手できます。しかし，その時間的な余裕がない場合や，ソフトの操作ができない場合もあります。そのときは，教師自身の頻度の直感を指針とすることです。

教師にとって重要なことは，学習者に対して，頻度を1つの基準として，学習者が覚えるべき語と覚えなくてもよい語をはっきりと示すことです。頻度が高い語は，繰り返し出会う可能性が高いですから，学習者の注意を喚起します。他方，低頻度の語の場合は，意味を語注などで学習者に提示するだけにとどめておき，覚える必要がないと指導します。

●指導へのヒント

導入する語の頻度を語彙表やプログラムソフトで調べて，学習者に情報を与える必要があります。

まとめ

- 指導すべき語彙の基準の1つは，頻度の高い語である。
- テキストにはトピックに関する低頻度の語彙が含まれる。

2 導入・定着・発展にはどんな活動があるか

2-1 語彙の扱い方を決定

教科書のテキストには，頻度の高い語と低い語の両方が使われていることがわかりました。これらの語をどのように扱ったらよいでしょうか。米山（2002）は，未知語の扱い方を図4-1のように分類しています。この分類によると，新出語の扱いは，まずテキスト本文の理解に必要かどうかで分類されます。新出語が本文の理解に不可欠な場合は，未知語の意味を推測させるか事前に教える方法を勧めています。反対に，本文の理解に不可欠でない場合は，頻度が高い語は授業のあとの段階で教え，稀な語の場合

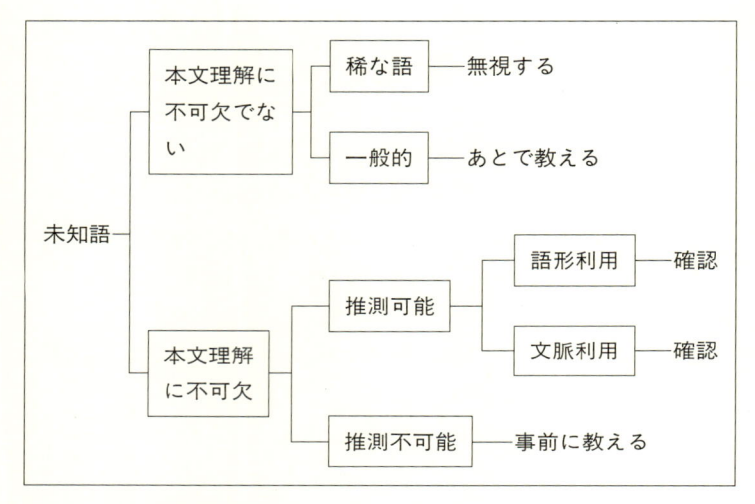

```
                    ┌─ 稀な語 ──── 無視する
        ┌─ 本文理解に ─┤
        │  不可欠でない │
        │           └─ 一般的 ──── あとで教える
未知語 ─┤
        │           ┌─ 推測可能 ─┬─ 語形利用 ── 確認
        │           │          │
        └─ 本文理解 ─┤          └─ 文脈利用 ── 確認
           に不可欠   │
                    └─ 推測不可能 ── 事前に教える
```

図4-1　新出語の扱い方　　　　　　　　　　　　（米山，2002）

は無視してしまう方法を提案しています。

　実際には，検定教科書に新出語が多いために，本文の理解に不可欠で推測が可能な単語は多くありません。推測がむずかしい場合は，オーラル・イントロダクションなどの方法で単語の意味を確認しながら，本文を導入する方法があります。ここでは，リーディングを中心とした5段階の導入法と，リスニングやスピーキングを中心としたオーラル・イントロダクションによる導入法で，例を示したいと思います。導入の手順は，次頁の通りです。

〈導入例1〉 リーディング中心の場合

第1段階　語彙の扱い方を決定する

　テキストに出てくる単語で,どの単語を指導するかを決定します。新出語が中心になりますが,それ以外にも意味の確認が必要な語をあらかじめ決めておきます。

第2段階　語注や設問などから,意味を特定させる

　語注がついている語や,内容理解の設問などから固有名詞などの特定をします。

第3段階　事前に教える語を導入する

　内容理解に必要な最低限の単語を導入します。

第4段階　推測させる

　文脈から予測できそうな単語を選んで,推測させます。

第5段階　事後に教える語を説明する

　内容理解のために必要でない語,頻度が低い語をまとめて導入します。

〈導入例2〉 オーラル・イントロダクションの場合

準備

　どの単語をどの方法で導入するかを決めます。定義,日本語訳,実物,絵,などさまざまな方法を動員します。

導入

　内容理解に必要な最低限の単語を導入します。次に,本文の内容に関して,生徒に発問しながら,内容を確認します。必要に応じて,単語の意味の確認や,発音練習を取り入れます。

　それでは,ある教科書の単語の導入法の具体例を検討してみましょう。なお,実線の下線の語は新出語を,波線の下線の語は新出語ではありませんが,意味の確認が必要と仮定します。

> Part 1
>
> ⇨ Finda の家から学校までの道はどのような状態ですか。
>
> It isn't 8:00 a.m. yet, but Finda has already been walking for three hours. She is on her way to school—nine kilometers from her home in Kindia, Guinea. The road is slippery and rocky, and the rain turns her path into mud. The walk is tough, but at school today Finda is happy because she meets her best friend. Recently, this friend returned to school. She has been missing many of her classes because her family needed her help at home and so she had trouble getting to school.
>
> ⇨ She とはだれか。So の具体的な内容は何か。
>
> 【New words】 Finda kilometer(s) Kindia Guinea slippery rocky path recently
>
> 【Notes】 Kindia キンディア (ギニア西部の町) Guinea (ギニア共和国) / turn 〜 into ... : He *turned* our soccer team *into* the strongest in Shizuoka.
>
> (*Genius English Course I*, Lesson 4 より)

2-2 リーディング中心の導入例

●第1段階 語彙の扱い方を決定する

語彙の扱い方を決定します。まず「固有名詞など語注で意味を特定できる語」、内容理解のために「事前に教える語」、「文脈から推測させる語」、「あとで導入する語」、「無視する語」などに分

類します。このように語彙を分類するためには，教師がテキストを熟読し，内容理解に必要な語の数を絞ることが大切です。

```
語注などで意味を特定できる語   ⇨  Finda, Kindia,
                                    Guinea
事前に教える語   ⇨   path, mud, tough, miss
推測させる語     ⇨   slippery, rocky
あとで教える語   ⇨   recently, trouble
無視する語       ⇨   なし
```

●第2段階　語注やその他の手がかりから，意味を特定する

　検定教科書では，一般に新出の固有名詞やイディオムなどには，日本語や英語で語注が与えられています。ここでは，以下の人名と地名には，手がかりが与えられています。

```
Finda   ⇨   冒頭の内容理解の設問から人名
Kindia, Guinea   ⇨   脚注から地名
```

●第3段階　事前に教える語を導入する

　教科書の内容理解の設問が，Findaの家から学校までの道の状態に関するものですから，その答えに関係しそうな単語は事前に教えておきます。導入方法は，日本語訳でもよいのですが，英語で簡潔に説明する方法も考えられます。

```
path   ⇨   small road
mud    ⇨   wet earth that has become soft
tough  ⇨   very hard
miss   ⇨   not go
```

第4章　単語はどう教えたらよいのか —— 115

●第4段階　推測させる

　文章全体の読みとりの段階です。この段階で，slippery, rocky を含む文を板書し，文全体の意味からそれぞれの意味を推測させます。以下の2つの手がかりを与えます。

> The road is slippery and rocky, and the rain turns her path into mud.
> ・アフリカの道路はどんな状態か（文脈の手がかり）
> ・slip と rock はどんな意味か（語形の手がかり）

●第5段階　あとで教える

　内容の概要把握には，直接必要でなかった recently, trouble の意味を説明します。英語で簡潔に説明すると，次のようになります。

> recently　⇨　not long ago, the other day
> trouble　⇨　problems

　第3段階で，すべての新出語を事前に教えるように授業を設計することがよいかどうかは，議論が分かれるところです。リーディング活動の障害となる未知語を取り除いて，内容理解を第1の目標に置く場合もあります。しかし，この方針で常に単語を事前に教えてしまうことには，問題が2つあります。1つは，どの単語が未知語であるか，またどの語がテキストの理解のために必要かなどは，学習者の個人差が大きいということです。教師が新出語を学習者の未知語だと思って事前に教えても，クラスの中にはその単語を知っている学習者も存在します。その語が既知語の学習者にとっては，その単語の意味を再確認するよりも，テキス

トの内容の読みとりに時間をかけた方が学習は効率的です。

　もう1つの問題は，学習者は未知語が含まれないテキストばかりを読むことになり，自立した読み手になれないということです。学習者用教材以外の新聞や雑誌などの実物教材（authentic material）には，未知語が含まれているものの方が圧倒的に多くなります。テキストに未知語が含まれていても，必要な情報を読みとれるような読解力の養成を目指したいものです。

2-3　オーラル・イントロダクションでの導入例

　まず，次のようなグロサリーを配り，発音練習と意味を覚える練習を3分間行います。

---

path 名　小道，細道（人や動物が歩いてできた道）
mud 名　泥，ぬかるみ
tough 形　骨が折れる，大変な，堅い
miss 動　～に行くことができない，参加することができない

　次に，内容をオーラル・イントロダクションで説明していきます。このとき，生徒と英語でやりとりしながら，グロサリーで導入した語彙の定着を図ります。（Tは教師，A～Kは生徒）

T：(Findaの絵を見せて) This is Finda. She is a schoolgirl in Guinea. Do you know where Guinea is, *A-kun*?
A：In Africa.
T：That's right.（アフリカの地図を見せて）Guinea is in the western part of Africa. Finda lives in Kindia. Kindia is a

city in Guinea. Finda walks to school. Do you walk to school from your home, *B-san*?
B : No. I take a train.
T : Yes, most of you take a train or bus to come to school. You don't walk to school. But when you were elementary school students, most of you walked to school, didn't you? How long did it take to walk to your school, *C-kun*?
C : About ten minutes.
T : Maybe so. Japanese elementary school children walk to school for about ten minutes. How long does Finda walk to go to school? She walks for more than three hours. Why does it take so long, *D-san*?
D : Probably the school is far away from her home.
T : Exactly it is nine kilometers from her home. It does not take three hours to walk nine kilometers on a usual street. Why do you think it takes Finda more than three hours to walk nine kilometers, *E-kun*?
E : Is she tired?
T : Maybe. But the answer is the road condition is bad. It is difficult to walk under a bad condition. The road is slippery (slipperyと板書：すべってころびそうな動作をする). The road is slippery. What do you think the word "slippery" means, *F-san*?
F :「ころびやすい」？
T : That's right. "Slippery" means "すべりやすい." Why do you think the road is slippery, *G-kun*?
G : It is raining.
T : Yes. The road becomes slippery when it is raining. So the path is now mud. Do you remember these new words?

Please do not look at the glossary. Try to remember the meanings of these two words. The path is now mud. What does this sentence mean, *H-san*?
H : 小道はぬかるみになっている
T : Exactly. You remember these two words quite well. So it is tough for Finda to walk on the muddy path. Do you remember the meaning of "tough," *I-kun*?
I : 大変な，きつい
T : Good. You also remember the new word "tough." It is difficult for Finda to walk on the muddy path. So it took more than three hours to walk to school. Do you want to walk to school for three hours, *J-san*?
J : No, I don't.
T : Most Japanese students do not want to walk to school for three hours. But Finda is happy to go to school. Why do you think she is happy, *K-kun*?
K : Probably because she can meet friends at school.
T : That's right. Finda is happy to see her best friend at school. Now let's read the textbook to find what kind of person Finda's best friend is.

このように，訳語で導入した新語をオーラル・イントロダクションの中で再び提示し，意味を確認し，その語を言わせることで定着を図ります。オーラル・イントロダクションの中で，新語は全員でリピートさせるなどすれば，より定着を促せます。さらに，オーラル・イントロダクションで新語を使うことは，語形と意味の結びつきを強めるだけでなく，その語がどのような語と共に使われるのか，どのような文法的働きをしているのかなど，語

の側面の知識について，間接的に教えることになります。

2-4　単語の意味を導入する方法

　第3章で紹介した Hatch and Brown (1995) の語彙習得のモデルで，第1段階から第3段階までに相当するのが新出語の導入です。学習者が新出語を習得できるかどうかは，この段階にかかっています。授業の中では，新出語をどのように導入したらよいでしょうか。

　図4-1 (p.112) の新出語の扱い方で，教科書を例に単語の意味の導入方法について考えてみます。まず，「事前に教える語」として，本文の理解に不可欠で，意味の推測が不可能な語彙を挙げています。また，「あとで教える語」として，本文の理解に不可欠で一般的な語を提案しています。どちらの場合でもその単語の意味を導入することになりますが，どのような方法で教えたらよいでしょうか。以下の例で考えてみます。

Part 2

⇨だれがどこで Finda の帰りを待っていますか。

In the evening, Finda returns home along the same long road. She says that the branches along the way "look like witches' hands" and make her afraid. She is always happy to see the first of the village huts. She sees her father, and he comes to meet her with a light. As usual, he has been waiting at the edge of the village for her to arrive.

　⇨ same とは何と何が同じか。

【New words】 branch(es)　　witch(es)　　hut(s)　　usual　　edge

> 【Notes】as usual : He was late today *as usual*. / at the edge of
> 〜：〜のはずれで
>
> (*Genius English Course I*, Lesson 4 より)

● 導入法 I　日本語訳

　単語の意味を提示する方法として日本語訳がもっとも広く利用されています。訳は，単語の意味を効率的に導入できる利点があります。特に，「英語の目標語」と「日本語に該当する単語」が，意味的に一致する場合には効果があります。この場合は，witch, hut, edge などの語は，他の意味がほとんどなく対応関係が明確です。教科書編集者も，at the edge of 〜には日本語で脚注をつけています。

　しかし，訳には欠点もあります。すべての新出語の提示で日本語訳ばかりに頼りすぎていると，日本語を介してしか単語の意味を理解できなくなります。また，英語と日本語が完全に対応するという誤解を導きやすくなるため，日英語の相違について関心が不十分になります。たとえば，branch はここでは「小枝，枝」の意味ですが，GSL による意味頻度は，以下のようになっています。今回用いられている「小枝，枝」の意味は，全体の意味頻度の25％にしか過ぎず，「分家，分館，支店」の意味頻度と同じになります。

BRANCH, n.		
	(1)(of a tree)	25%
	(2)(of a river, railway)	15%
	(3)(of the family)	4%
	(4)(of a subject)	18%
	(5)(of a business)	25%
		(West, 1953)

●導入法2　視覚化

　具象名詞の場合は，実物，絵や写真を使用して意味を導入することができます。直接教授法（Direct Method）や全身反応教授法（Total Physical Response Approach）でよく使用される指導技術です。英語学習の初心者や，母語が異なる学習者には効果的です。また，動作を表す動詞の場合は，ジェスチャーなどで示すと意味を視覚化しやすくなり，結果としてその単語が記憶に残りやすくなります。ここでは，witch, hut は意味概念が視覚化しやすい名詞なので，絵を描いて示すこともできるでしょう。

図 4-2　視覚化の例

●導入法3　定義・例文

　語義を英語で定義したり，例文の中で示したりする方法です。また，その語の定義ではなくても，簡単な言い換えや実例を用いて意味を導入することもできます。教師が新出語の導入に英語を使用すれば，学習者は新出語の説明を英語で受けるため，その分だけ英語に接する時間が長くなる利点があります。また，言い換えや同義語を使った導入になりますので，目標語に関連する表現に接する機会を提供できます。ここでは，教科書の編集者は，as usual というイディオムを例文で提示しています。

手順としては，その語の意味の導入を，定義で説明する場合と例文で示す場合では，どちらの方が学習者にとって理解しやすいか，という観点で決定します。このテキストの例では，witch, hut は定義で，edge は例文で示した方がわかりやすいと思われます。辞書から定義や例文を選んで使用する場合は，学習者用の英英辞典が便利です。

> 定義の例
>   witch：a woman who is supposed to have magic powers
>   hut：a small simple building with only one or two rooms
> (*Longman Advanced American Dictionary*（*LAAD*）改作)

> 例文の例
>   edge：Don't put your glass so close to the *edge* of the table.　　　　　　　　　　　　　　　　(*LAAD*)

●導入法 4　文脈からの推測

　Nation (2001) は，未知語推測の方法として下記のような方法を提案しています。この方法を使いながら，テキストに新出語として出てくる branch の意味を推測する手順を以下に示します。

■未知語推測の 5 段階
　Step 1　未知語の前後関係から品詞を決定する
　Step 2　未知語の前後関係から，その統語的特徴をつかむ
　Step 3　より広い観点から未知語の文脈を検討し，他の文や節との関係をつかむ
　Step 4　意味を推測する

Step 5　意味が正しいかどうかを確認する

Step 1　未知語の文中での機能を把握し，単語の品詞を特定します。この場合は，目標語である branch の語末が -es で終わっていますので，名詞か動詞の可能性があります。

Step 2　未知語の前後関係からその統語的な特徴を把握します。まず branch はあとに along the way という修飾句がついていますから，道に沿って存在する人か物であることがわかります。

Step 3　未知語の意味を，未知語を含む文や節などより広い観点から考えてみます。1行目に，夕方同じ道を家に戻る，と書かれています。また，同じページの写真では鬱蒼と茂った森の中を歩く Finda の写真があります。この場面で，「魔女」のように見えそうなものは限られてきます。

Step 4　意味を推測する段階です。Step 3 までの手がかりから，意味を推測します。「木の枝」という答えを期待したいところです。

Step 5　推測した意味が正しいかどうかを確認するのに3通りの方法があります。1つは，推測した意味と Step 1 で特定した品詞とが一致しているかを確認する方法です。2つ目は，推測した意味を当てはめて，その文脈に合うかどうかを確かめます。3つ目の方法は，単語をいくつかの部分に分割し，その意味が推測した意味と一致しているかどうかを調べます。たとえば，reproduction の場合は，re-（再び），product（生産する），-tion（名詞接尾辞）を合わせて，「再生産」の意味にたどり着きます。この場合，「木の枝」を入れると，1つ目と2つ目の条件に一致します。

以上の方法は，どんな文脈でも使用できるわけではありません。しかし，語彙を増やしていくための１つの手段として，特に学習する語彙数が著しく増大する高校中級レベル以上の学習者にはぜひ身につけさせたいストラテジーです。活動を成功させる方法として，推測に成功した場合にはボーナスポイントを与える，などのフィードバックを与えると活動が盛り上がります。また，学習者をペアにして，以上の未知語推測の過程を話し合って行わせると，お互いの発話が刺激となり推測のプロセスが促進されて，推測しようとする習慣が身につくと思われます。

2-5　定着のための活動

　教科書の新出語を定着させるための段階で，第３章で紹介したHatch and Brown（1995）の語彙習得プロセスでは，「記憶に残っている語形と意味を統合する」という第４段階に相当します。単語の語形と意味，イメージと音などを学習させます。機械的に暗記させるよりも，積極的にゲームを取り入れて，語彙学習の楽しさを実感させたいものです。いくつかの活動例を紹介します。

●活動例 I　テスト

　単語の定着のための活動としてもっとも広く利用されているのは，単語のテストです。毎時間の復習や教科書の区切りがついたときに，テストを予告することによって，学習者は既習語を復習する機会を得ます。英語から日本語に，または日本語から英語に訳させる方法，単語の意味に相当する表現や例文の空所に補充する語を選択させる方法，など非常に多くの種類があります。授業の最初に前時の復習としてテストする場合には，短時間ですむ次のような形式を用いることが多いようです。

音声のキュー	→	綴り+意味を書く
綴りのキュー	→	意味を書く
意味のキュー	→	綴りを書く

　綴りのキューを与えるときは，文の中の単語に下線を引き，その語の意味を書かせることもあります。文脈を与えず，単独で提示するならば，視認語彙（sight vocabulary）を増やす練習と考えられます。

　テストを予告して復習させることは，Hulstijn（1992）や望月（1996）は，少なくとも短期的には効果が見られますが，長期的にはその効果は失われると結論づけています。テスト範囲を重複させたり，同じテストを繰り返したりして，復習する機会を多く提供することが必要です。

●活動例2　ビンゴ

　学習した単語を，まとめや復習として定着させるための活動です。単語の発音，意味概念，スペリングなどの語彙知識の定着を図ることが目的です。

|準備|　以下のような3×3のマスをプリントにしておくか，ノートに書かせる。

usual	*education*	
edge		

|手順|

①このマスに前時に導入した語彙の中から9語を選んで，好きなところに入れさせる。

②マスに単語を入れ終わったら，教師が単語を1つずつ読む。生徒は聴き取った単語を○で囲んでいき，縦横斜めのどこか1列が完成したら「ビンゴ！」と言わせる。

応用 マスに日本語訳を入れさせ，教師が単語を発音していくと「英語→日本語」の訓練になる。さらに，マスに単語を入れて，日本語訳で読んでいくと「日本語→英語」の練習にもなる。活動に時間をかけたい場合は，4×4や5×5のマス目を使う。

●活動例3　もう1つの文

新出語の名詞により多くの文脈で出会う機会を設けることによって，語の意味を定着させるための活動です。単語の持つさまざまな意味の側面を理解させるためには，例文が有効です。

準備

① A Group のような目標語を組み込んだ例文のプリントを用意する。

② A Group の例文のあとに続くことができるような B Group の例文を作り，その目標語の部分を代名詞に置き換える。

③ B Group の例文をカードに書き，袋の中に入れる。

〈A Group〉

○ Please cut these *branches* from the tree.

○ People in the village cut out a *path* through the jungle.

○ I felt the *edge* of the sword with my finger.

○ The *hut* is close to the lake.

〈B Group〉

1. It was built a hundred years ago.

> 2. It was very sharp.
> 3. It was very cold morning.
> 4. They are blocking traffic.

手順
① A Group の例文を，下線部の新出語に注意しながら確認させる。
②袋の中から B Group の文を取り出し，A Group のどの文のあとに続けることが可能かを考えさせる。正しい文の組ができたら，得点とする。

応用　B Group の文の選択肢を増やしたり，目標語に意味が近い単語を入れたりすると，より高度な活動になる。時間的なゆとりがある場合は，組み合わせた2つの文を音読して，暗唱させる。

●活動例4　ワード・サーチ
　クロスワードパズルは，英語圏では愛好者が多く，新聞の付録にあるパズルを解いている姿をよく見かけます。日本の新聞でも，日曜版などで目にすることがあります。クロスワードに似た形式で単語を捜すゲームを作ってみましょう。

準備
①使用したい単語のリストを作成する。マス目の数によって文字数に影響が出るので，もっとも長い単語の文字数がマス目の数に収まるように設定する。ここでは，文字数を最大7文字でマス目を7とする。
　〈例〉discuss, wound, sandal, safety
②7マス四方の方眼を作る。単語がうまく入るように，マス目に入れていく。

	D	W	O	U	N	D
	I				S	
	S	A	N	D	A	L
	C				F	
	U				E	
	S				T	
	S				Y	

準備②

③空いているマスに短い単語を入れる。

	D	W	O	U	N	D
H	I	P			S	
U	S	A	N	D	A	L
T	C	T			F	
	U	H			E	
	S	T	A	Y	T	
	S				Y	

準備③

④空いているマスに，単語ができないように文字を入れる。最後にフォントを統一して，マスの罫線を消す。

```
Q D W O U N D
H I P R I S F
U S A N D A L
T C T K L F Q
P U H Z X E W
G S T A Y T E
B S A S D Y R
```
準備④

図4-3　ワード・サーチの作成手順

|手順|　一斉に開始して，だれが最も速くすべての単語を見つけられるか，いくつ見つけられるかを競わせる。

|応用|　学習者に新出語を使ってパズルを作らせ，できたパズルをクラス全員に解かせるとおもしろい。解答までの時間を意識させると，単語の綴りに対する認知速度を高めるための訓練にもなる。

●活動例5　仲間はずれの語
　同意語，上位語，下位語など，単語の意味関係について注意を向けさせ，単語と意味をより融合させるための活動です。活動の目的は，単語のグループの意味関係を推測させることです。

準備

①既習の課の新出語から，復習させたい語のリストを作る。また，それと同じ意味や品詞など，同じような特徴を持つ語を教科書から拾い出す。
〈例〉 path, mud, hut, proud, farmer, partner

②リストの語を中心に，同じ範疇に入る語と範疇に入らない語を1語ずつグループにする。問題をプリントにする。

> 1. path, mud, road, way
> 2. housework, home, school, hut
> 3. come, arrive, see, return
> 4. happy, afraid, proud, wide
> 5. farmer, daughter, wife, partner

手順

①プリントを配布し，仲間はずれの語を選ばせる。
②グループごとに答え合わせをして，なぜその単語を仲間はずれとして選んだか理由をまとめさせる。
③クラス全体でグループの答えと選んだ理由を発表させる。

発展　解釈が複数可能な単語の組み合わせで問題を作成すると，グループでの話し合いがさらに発展する。問題例では，5の問題で，意味的には farmer が，語形では wife が選べるので，解答が割れる可能性がある。この場合，仲間はずれの語を選んだ理由を説明できれば，正解が複数あってもよい。

●活動例6　つながるのはどれ？

　動詞のコロケーションは，英語学習者にとってもっともむずかしい語彙知識の側面です。さまざまな文脈の中で偶発的に学習し

て覚えるしかありません。問題形式にして，その機会を意図的に提供するのがこの活動の目的です。

[準備]

①復習させたい動詞を選択する。

〈例〉wound, disapprove, discuss, respect, gain

②英英辞典などを利用して，語義をよく伝えている例文の中から学習者の負担にならないものを選ぶ。さらに動詞のあとに続く部分を選択肢とする。必要に応じて，語数を減らしたり書き換えたりする。

③以下のようなプリントを作成する

1. wound	(a) a good education
2. disapprove	(b) the soldier in the arm
3. discuss	(c) the problems of the new plans
4. respect	(d) of medical experiments on mice
5. gain	(e) enough money to travel to Hawaii

[手順] 右欄からそれぞれの動詞のあとに続く正しい語句や節を選ばせる。解答の確認が済んだら，どんな主語が使えるかを考えて，例文を完成させる。

[発展] 学習者に，辞書を使用させながら同じ動詞で同様の問題を作らせる。ALTがいれば，生徒に例文と問題を自作させて，動詞と目的語のコロケーションが正しいかどうかを判定してもらうこともできる。

2-6 発展のための活動

学習した単語の知識を発展させる段階で，Hatch and Brown

(1995)の第4段階から第5段階（p.77参照）に相当します。ここでは，これまでの段階で導入した語彙を用いて，最終目標に到達するまでの橋渡しとなる活動例を2つ紹介します。

●活動例I　コロケーション

1つの単元の学習を終えたときに，既習の語をノートや単語帳にまとめることは，語彙知識をネットワーク的に整理することに役立ちます。コロケーションやイディオムをカードにまとめて，復習してみましょう。

|準備|

①カードに，以下のコロケーションを含む表現やイディオムの中から，特に重要なものを選んで書く。以下は，*Genius English Course I* の Lesson 4の例。
(a)「動詞＋前置詞」think of,
(b)「前置詞＋名詞」with a light, at dawn
(c)「動詞＋名詞」leave the village,
(d)「形容詞＋名詞」a proud man, a big challenge
(e)「その他」turn her path into mud, make her afraid, at the edge of, be afraid for, help with ～

think of What do you think of the idea?	～を考慮する， ～について考える その考えをどう思いますか
表側	裏側

②その下に，同じ表現を含む例文を辞書から探して記入する。
③裏側にコロケーションやイディオムの意味と，辞書からの例

文の意味を書く。

[手順]

①英語を見て，コロケーションに注意しながら，例文の意味を言う。慣れてきたら，反対に，日本語から英語の表現を言ってみる。

②複数の単元がカードにたまったら，単元別ではなくて，分類別にカードを並べ替える。同様に，英語と日本語の翻訳練習を行う。

●活動例2　ドミノ

半年に1回程度，教科書に出てきた単語を中心に，接辞を使った語彙の拡張の練習をしてみましょう。教科書のテキストデータがあれば，検索の機能を使って，使用できる単語を簡単に探すことができます。活動の目的は，語幹にどんな接辞がつくかを学習することです。

[準備]

①教科書から，3章で取り上げた頻度の高い接辞（p.81）を含む語を20語程度，検索してリストを作成する。

〈例〉direc*tion*, *un*fortunately, success*ful*, certain*ly*, environment*al*, formal*ity*, interview*er*

②以下の単語を，それぞれ接辞と語幹を分けて書き込む。グループの数だけコピーをとる。

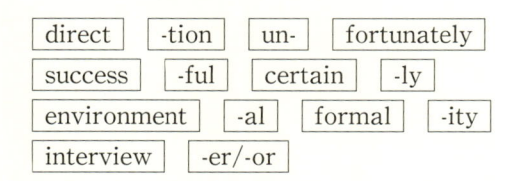

direct	-tion	un-	fortunately
success	-ful	certain	-ly
environment	-al	formal	-ity
interview	-er/-or		

> 手順

① 生徒を3人から6人程度のグループに分ける。準備したカードを等分に配る。
② 全員でテーブルを囲む。1人の生徒が1枚のカードをテーブルに置く。次の生徒は，そのカードの右側か左側に置いて単語を完成できるカードを重ねていく。カードを置けない場合は，その回は「パス」をする。全員が置けなかった場合は，また最初に戻り，最初に置けなかった生徒が好きなカードを置く。

〈例〉

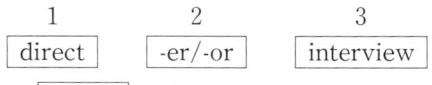

1	2	3
direct	-er/-or	interview

(1) direct を置く。
(2) director が作れるので， -er/-or を置く。
(3) interviewer が作れるので， interview を置く。

③ ドミノ式に順にカードを置いていく。最初にカードがなくなった生徒の勝ち。
④ 最後にグループ活動のまとめとして，ゲームで作った単語のリストを作成して提出する。教師はその単語を板書し，接辞がどんな意味なのか，できた単語がどんな意味なのかを生徒に確認させる。

> 発展

カードをグループに配布した時に，辞書を使いながら，カードを組み合わせて作れる単語のリストをあらかじめ作る活動を行うと，ゲームが円滑に進む。また，「パス」の代わりに，実在しない単語のカードを置くことも認めるとおもしろい。置かれた単語が正しくないと思った場合は，「ダウト」をかけさ

せ，全員で辞書を使いながらその単語が実在するかどうかを確認する。

2-7　定着と発展の活動の総括

　以上の定着や発展のための活動例を，学習者の観点からまとめてみましょう。学習者に対する活動の負荷量はおおよそ図4-3のようになります。なお，定着の活動例1は，テストの種類によって処理レベルが異なるので，この図には入れてありません。新出語の定着方法として，翻訳，視覚化，定義・例文，推測などを挙げましたが，新出語に適当と思われる活動の組み合わせを選ぶことが大切です。

高↑

単語の処理レベル

低

①ドミノ（発展　活動例2）
　　与えられた単語と接辞で単語を作り出す
②コロケーション（発展　活動例1）
　　動詞のコロケーションを類型化する
③もう1つの文（定着　活動例3）
　　複数の文で単語の意味概念を理解する
④つながるのはどれ？（定着　活動例6）
　　動詞のコロケーションを確認する
⑤仲間はずれの語（定着　活動例5）
　　単語を意味や概念別にグループ化する
⑥ビンゴ（定着　活動例2）
　　単語の機械的な翻訳に慣れ親しむ
⑦ワード・サーチ（定着　活動例4）
　　語の綴りに慣れ，認知速度を高める

　　図4-3　語彙学習における単語の処理レベル

●指導へのヒント

　教科書の新出語は，事前に教える語，推測させる語，あとで教える語などに分類して，段階的に導入します。

　定着のための活動は，導入方法との組み合わせから，学習者への負荷を考慮に入れて選ぶ必要があります。

　予習プリントやワークシートなどの授業用の補助教材を準備する場合は，レベルに応じた配慮が必要です。たとえば，予習時間の3割以上を辞書での意味調べに充てるようでは，負担が重すぎます。予習プリントに派生語や反意語などの課題を多く盛り込みすぎると，学習者は辞書を引くことが予習の目的であると誤解してしまうおそれがあります。あくまでも，内容に焦点を当てた課題を中心とするように工夫しましょう。初級レベルでは，辞書で調べさせる単語の数をあまり多くしないことが重要です。頻度の低い語は意味を与えたり，多義語の場合はいくつかの語義の中から本文の意味を選ばせたりする，などの工夫が考えられます。中級レベル以上では，授業時間の関係で説明できないことがらを，プラスアルファの形でプリントに載せると，意欲のある学生の励みになります。ただし，プラスアルファの部分は，必ずしも必須の内容ではないが知っておいた方がよい情報にとどめ，テストには出題しないという原則を立てておくとよいでしょう。

　毎時間，授業の最初に小テストを実施する場合も多いと思います。単語のテストは，学習者に単語を整理して覚える機会を提供します。前回の授業で導入した新語を小テストで出題するだけでなく，単元や学期ごとの試験でも繰り返し出題範囲とすると効果が期待できます。このテストは，出題方法を工夫することによって，学習者の語彙ネットワークの発展を助けることができると思われます。たとえば，意味，発音，語構成，トピックなどの観点で整理し，その中から出題する単語を複数抽出します。学習者は，

その問題の答えを思い出そうとすることにより，同じネットワークに記憶されている単語を連想する機会を得ます。さらに，テストの形式は，意味や綴りを書かせるだけでなく，徐々に文脈を伴った形式にしていくと，その単語の意味的特徴やコロケーションなどの知識を深めていくことができます。

> **まとめ**
> ・教科書の新出語は，逐一日本語訳しなくても，多様な方法で導入することが可能である。

3 語彙の直接的学習の方法

3-1 トピック別や頻度順の語彙学習

これまで，教科書に出てくる新出語の扱いについて考えてきました。何らかの意味のある文脈の中で出会った頻度の高い語を確実に学習していくことが重要ですが，それだけでは不十分です。第3章（pp. 89-90）でも説明しましたが，学習者は必ずしも頻度の高い順に語彙を学習しているとは限りません。

また，本章の冒頭で，教科書の使用語彙を分析して明らかになったように，必ずしも高頻度の語彙でテキストが書かれているとも限りません。それぞれの英文のトピックに応じて特有な語彙がどうしても必要になります。

さらに，同じトピックのテキストに必要な語彙でも，頻度が同じとは限りません。スポーツに関するトピックであれば，たとえばGSLには，footballがあるのに，baseballやtennisがないといった限界があります。そのため，何らかの直接的方法で，ト

ピックに関連のある語をまとめて学習する必要があります。

また、初期の段階では、授業運営のために必要な英語の表現を導入する必要があります。教室英語（classroom English）でよく使われる表現に含まれる語が、一般的には頻度が低いということはよくあることです。たとえば、GSL には classroom, notebook, blackboard などの語彙が含まれていません。これらの語彙は、たとえ頻度が低くても英語学習の初期の段階で導入が必要です。

以下、トピック別と頻度順で、代表的な教材を紹介します。

● McCarthy, M. and O'Dell, F. (2001). *English Vocabulary in Use: Upper-intermediate*. Cambridge University Press.

本書は、11の大区分があり、さらに100のセクションに分けられています。そのなかの1つに、トピック別の区分があります。ここでは、Countries, nationalities and languages から始まって、Money まで28のセクションに分けられています。各セクションでは、導入と練習問題がそれぞれ見開き2ページに掲載されています。たとえばスポーツに関するトピックでは、見開きの左側には、「代表的なスポーツ」、「そのスポーツで使用する運動器具」、「陸上競技」、「スポーツで使用する動詞とコロケーション」、「スポーツをする人の呼び方」、などの項目がイラスト入りで紹介されています。見開きの右側では、左側の語彙の練習問題が5種類準備されています。

たとえば、スポーツをテーマにして、エッセイを書く場合には、ここで紹介されている語彙を導入してから、活動を始めた方が学習者の負担が軽減するでしょう。また、同じトピックの単語をまとめて学習することにより、語連想によるネットワークの構築がより容易になります。姉妹書として、pre-intermediate, advancedなどのレベルもあります。

● Hill, L.A. (1982). *Word Power 1500, 3000, 4500*. Oxford University Press.

　頻度別では，多種多様な語彙集が出版されています。しかし，例文がついていたり，文脈の中で練習問題が準備されていたりする教材はあまり多くありません。その点で，本書は優れた語彙練習用の教材です。シリーズには，頻度別に1500，3000，4500があり，各問題集の巻末には語彙表が載せてあります。たとえば3000の場合は，全体が6つのパートに分かれていて，各パートは以下の練習問題から構成されています。どのパートも同じ構成になっています。

---

1. Pictures——絵を見ながら与えられた語から適語を選び，テキストを完成させる問題
2. Synonyms——与えられた4語から同義語を選ぶ問題
3. Opposites——与えられた4語から反意語を選ぶ問題
4. Derivatives——同じ文に含まれる語を適当な派生語に変えて文を完成する問題
5. Words in Sentence——与えられた4語から正しい語を選んで文を完成する問題
6. Prepositions and Adverbial Particles——与えられた前置詞から正しいものを選び，文を完成する問題)

3-2　カタカナ英語を利用した語彙学習

　日本語と英語の場合は，表記体系や音韻体系が異なるため，そうした面から恩恵を受けることはほとんどありません。しかし，外来語として日本語で使用されているカタカナ英語は非常にたくさんあります。伊藤他（2001）の調査によると，平成12年5月10日発行の朝日新聞の朝刊と夕刊に使用されていた外来語は，延べ語数（token）で1,901語，異なり語（type）で847語もあったという結果を報告しています。このうち英語が語源の語が，761語もありました。このように，日常生活の中で使用されているカタカナ英語は非常に多く，中学校の新語数900語に迫る数になっています。これらのカタカナ英語を学習のある段階で体系的に導入

表4-3　高頻度のカタカナ英語
GSL（1st 1,000）に含まれる語

> air, bar, car, company, control, date, department, equal, front, idea, machine, mass, morning, mother, music, off, person, play, record, report, ring, run, seven, show, store, strike, window, word

GSL（2nd 1,000）に含まれる語

> advice, chalk, charm, check, coat, combine, competition, connect, convenience, copy, curtain, delicate, desk, diamond, engine, film, hammer, handkerchief, juice, knife, luck, orange, pattern, pen, sew, shoe, sock, spell, stick, stove, straw, tobacco

AWLに含まれる語

> channel, classic, communicate, complex, compute, couple, demonstrate, illustrate, initial, job, locate, professional, register, sex, structure, technique

することは,英語の語彙とカタカナ英語の理解を深めると思われます。

奥津 (2002) が,カタカナ英語の活用としてリストに挙げている語彙を例に考えてみます。表4-3は,外来語の中でも,日本語とあまり意味が異ならない例として挙げられた語彙で,GSLとAWLのリストにある語です。

この表から,たとえば以下のような問題を作成して,高校生初級レベル程度の学習者に提示して解答させれば,学習者に外来語についての注意を喚起することができます。

次のカタカナ語に相当する英単語を辞書で調べなさい。
ただし単語の最初の文字は与えられています。
1. エアー　　　[a　　　]
2. バー　　　　[b　　　]
3. カー　　　　[c　　　]
4. カンパニー　[c　　　]
5. デート　　　[d　　　]

これまでも,カタカナ英語が英語指導に有効であるという提言がなされてきました。残念ながら,その効果を実証した研究はまだありません。教材に出てきた場合にいくつか同様の例を示したり,何かの機会に関連するカタカナ英語をまとめて指導すれば,学習者にカタカナ英語をより身近に感じさせることができます。

●指導へのヒント
カタカナ英語で意味が英語の原義とあまり変わらない単語は,まとめて直接的に学習させると効果が期待できます。

まとめ
・教科書の使用語彙に含まれない基本語は，テーマ別や頻度順の単語集や問題集を使用して，直接的に学習させる。

4 電子辞書は有効か？

　電子辞書には，電卓タイプのハンドヘルド（hand-held）の辞書，コンピュータのCD-ROMで検索するタイプの辞書，インターネット上で検索するタイプの辞書などがあります。電卓タイプの辞書は，以前は見出し語の意味だけしか出てきませんでしたが，現在は複数の印刷辞書を丸ごと収めたタイプが主流となっています。検索機能も徐々に増え，複数の辞書を交互に参照する「ジャンプ」機能，検索した単語の履歴を見る「ヒストリー」機能，ある単語を使用した例文を検索する「例文検索」機能，イディオムを調べたい場合に使用する「イディオム検索」機能，単語の綴りが不明の場合に有効な「スペル検索」機能など，機能の充実には目を見張るものがあります。ユーザーの数も徐々に増え，2002年の国内出荷台数は200万台と言われています。

　CD-ROMタイプの辞書は，最初は*American Heritage*などの海外の辞書が，印刷辞書の付録としたのが始まりです。音声の情報をCD-ROMに納めることによって，印刷辞書では不可能だった母語話者による発音も検索情報の1つとなりました。国内では90年代後半から，徐々に英和辞典の付録や単体として発売されるようになりました。これらの辞書では，辞書検索ソフトにもよりますが，英和辞典であっても日本語から英語への検索や，イディオム検索などが可能です。また，ワープロソフトとの併用により，辞書情報をそのまま文書に貼り付けることも可能になりました。

　オンライン辞書は，CD-ROM辞書と同じようにコンピュータ

の電源が入っていないと使用できないという限界の他に，パソコンがインターネットに接続されていないと使用できない，という制限があります。

あるアンケート調査（Aizawa, 2002）によると，リーディングの活動では電子辞書が有効で，語彙の学習には印刷辞書が有効だと考えている学習者が多くみられる傾向が報告されています。しかし，学習者のレベルにもよりますが，統計的な違いを認められるほど語彙学習の効果に差があるとは言えないようです。

確かに，電子辞書には，検索速度が速いという大きなメリットの他に，学習の履歴が残せたり，複数の辞書を交互に検索できたり，などの機能などを備えている機種があります。しかし，これらの機能は印刷辞書を使っていても，学習者の辞書検索スキルの上達によって検索速度を上げたり，検索記録を単語帳にまとめたり，複数の辞書を使用する習慣を身につけること，などによってある程度カバーできることです。両者の辞書の違いがあるとすれば，電子辞書で検索速度を上げた結果，生まれた余剰時間をその他の英語学習に充てて，学習の効率を上げることではないでしょうか。残念ながら，電子辞書と印刷辞書を利用した場合の明確な学習効果の違いは，まだ十分に証明されていません。

●指導へのヒント

電子辞書の「ヒストリー」「例文検索」「ジャンプ」「スペル検索」などの印刷辞書にない独自の機能を使えれば，電子辞書による学習効果が期待できます。

まとめ

・電子辞書と印刷辞書は，検索スピードの違い以外には，まだ明らかになっていない。

5 語彙指導にコーパスを利用する

1 はじめに

　この章では，語彙指導に利用できる英語コーパスの紹介と具体的な活用方法を紹介します。「コーパス (corpus)」とはある目的のために組織的に集められた大量のテキストをコンピューター処理できるように電子化・整備したものを言います。近年，コーパスはわれわれ英語教師や英語の研究者にとって身近なものになってきました。それにはいくつかの理由があります。

　1つは *COBUILD English Dictionary* に端を発するコーパスを用いた英語辞典作成（これを corpus lexicography と言う）がヨーロッパを中心に非常に盛んになり，現在通称 Big 5 と呼ばれる *Collins COBUILD English Dictionary, Longman Dictionary of Contemporary English* (*LDOCE*), *Oxford Advanced Learner's Dictionary* (*OALD*), *Cambridge Advanced Learner's Dictionary* (*CALD*), Macmillan English Dictionary (MED) という5つの学習英英辞典がすべてコーパスを基礎資料として作られるほどその活用が必須となってきたことが挙げられるでしょう。

　第2の理由としては，10年前に比べてコーパスの一般利用が非常に容易になったことがあります。MS-Windows の普及，PCの急速な浸透，大容量データを安価なシステムで利用しやすく

なったこと，そしてコーパス自体も比較的安価なライセンス料で利用可能なものが格段に増えたこと，などが原因です。

第3に，少々専門的になりますが，生成文法の影響で言語統計に対する全般的な興味が薄れていた60〜80年代の言語学の潮流を経て，この10年ほどでコーパス言語学により，言語使用のデータを詳しく分析する意義が再認識されてきたことがあります。特にこの5年ほどでコーパス言語学の入門書（McEnery and Wilson, 2001; Biber, *et al.* 1998; Kennedy, 1998; 斎藤他, 1998; 鷹家・須賀, 1998）などが相次いで出版され，一般の研究者が基礎知識を得やすくなったことも挙げられます。

こういう背景があっても，まだ一般の中学・高校の英語教員にはコーパスというものはあまり馴染みがないでしょう。何かコンピューター・オタクがやるようなもの，というような印象があるかもしれません。しかし，実際は語彙指導・学習に非常に役に立つツールですので，先生方の抵抗感をなくし，自分でコーパスを利用して明日の語彙指導に活かせる，という実感を得てもらえればと願っています。実際そのようにしてコーパスを日常の授業の準備や自己研鑽に利用している先生方の数はどんどん増えています。

この章では，まったく予備知識のない方からかなりコーパスを日常使いこなしている方まで，項目ごとに「活用情報」をまとめてみました。まず大まかな構成を示しておきます。

知りたいこと	読む箇所
どのような英語コーパスがあるのか？	第5章2
どうやって入手するのか？	第5章3
検索ツールにはどのようなものがあるか？	第5章4
実際の検索はどうやるのか？（web検索編）	第5章5

実際の検索はどうやるのか？（デスクトップ編）	第5章6
——頻度リスト作成	6−1
——コンコーダンス	6−2
コーパス・データをどのように利用するか？	第5章7
学習者コーパス研究の紹介	第5章8

　後半に行くにしたがって，内容も専門的で具体的な応用例を挙げてあります。読者の経験にしたがって適宜必要な箇所を参照してください。

2　利用できる英語コーパスの種類

　さて初めてコーパスについて情報を得る読者のために，コーパスにはどのような種類があるのかをざっと紹介しておきましょう。コーパスは大別すると：
　①「研究用」か「商用」か？
　②「公開」か「非公開」か？
　③「一般」か「特殊」か？
というような大まかな分類方法があります。①は，そのコーパスが研究用途で作られたものか，それとも出版社などが社内用のリソースとして作ったものか，という分類です。②はそのデータが公開されていてだれでもライセンスを取得すれば利用できるかどうか，です。また③は，コーパス構築の目的がイギリス英語ならイギリス英語の一般的なコーパスを意図して作られたのか，それとも「話し言葉」対「書き言葉」のような対比や，アカデミックな英文のみを集めるなど，ある目的に特化したコーパスなのか，という違いです。

　これを組み合わせるといろいろなタイプのコーパスが特定でき

ます。表5-1に代表的なものを挙げてあります：

表5-1　コーパスの目的と種類

用途	データ	利用目的	コーパスの例
研究用	公開	汎用	BNC; COCA
商用	公開	汎用	Wordbanks Online; SCN
研究用	公開	特殊 (ESP; 学習者データ他)	MICASE; ICLE; JEFLL

　これらのうちのかなりのものが現在は比較的安価で簡単な手続きで入手しやすくなってきており，英語教員が自分で10〜20種類のコーパスを収集してノートパソコンに入れて持ち歩くということが可能な時代になってきています。10年前には夢のような話が今や現実になっているのです。

3　コーパスを入手する

　本格的にコーパスを利用するにはやはりコーパス本体を購入しなければいけませんが，現在ではオンラインによるサービスも徐々に増え始めています。詳しくは第5章4に譲るとして，ここでは個人的に大型コーパスを購入したいという人のために情報を提供しておきましょう。

● ICAME Corpus Collection CD-ROM

　まず第5章2で述べたコーパスのうち Brown，LOB などの100万語規模の英米語その他英語変種（オーストラリア，ニュージーランド，インド，南アフリカなど）のコーパスはほとんどが

ICAMEのCorpus CollectionというCD-ROMを1枚買えば一度に入手できます。

ICAMEは「アイケイム」と呼ばれ，ノルウェーのベルゲン大学に置かれた英語コーパスの配布機関です。詳細はhttp://nora.hd.uib.no/icame.htmlを参照してください。配布価格はシングルユーザー3,500クローネで約5万円。これには後述するMS-Windowsベースのコーパス検索ソフトWordSmithのユーザーライセンス料も含まれています。この1枚で自作したら何十年とかかるだろう主要コーパス21種類が手に入るのですから一般利用者には大変ありがたいことです。

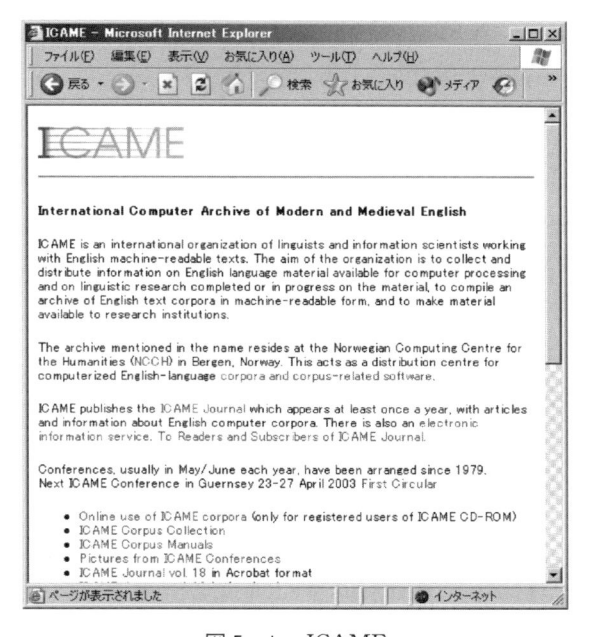

図5-1　ICAME

第5章　語彙指導にコーパスを利用する —— 149

● British National Corpus (BNC)

BNCは1億語のイギリス英語のコーパスです。現在，世界公開版のWorld Editionが利用できます。BNCを利用した辞書にはOALD, LDOCE, CALDなどがあり，コーパス・データ収集の科学的方法や書誌情報の精密な記述など，コーパス作成の面でも世界的に標準とし得る出来栄えになっています。1000万語の話し言葉データはその半分近くが日常の自然な会話を1週間近くにわたりウォークマンをぶらさげて記録したもので，非常に詳しい話者の年齢・性別・出身地・社会階級などの属性が細かく記録されており，社会言語学や語用論の貴重な資料になります。

BNCは最新のXML EditionのCDが75ポンドで入手できるだけでなく，後述の小学館コーパス・ネットワーク，BYUのサイトでも検索できます。

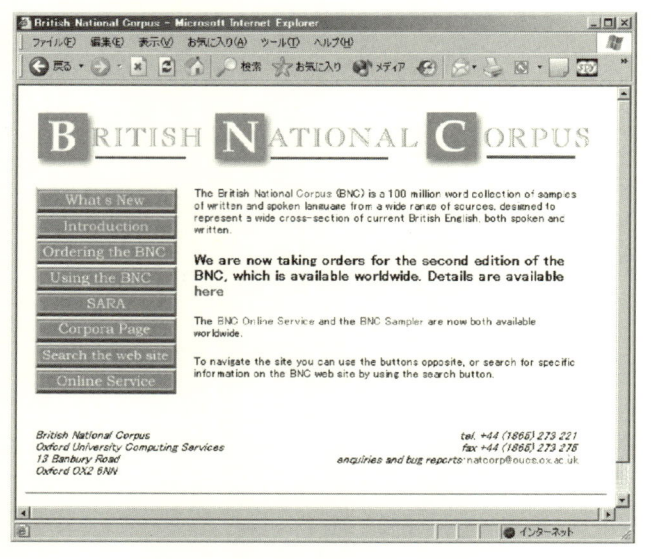

図5-2　British National Corpus

● Web での検索サービス

　ICAME も BNC もライセンスを購入したユーザー向けに簡単な web 検索サービスを提供しています。もし複雑なソフトウェアのインストールなどが苦手な場合は，このようなインターネット経由でのサービスを利用するのも 1 つの方法です。しかし，大規模コーパスの検索はインターネット経由では相当時間がかかります。常時接続の環境が整って，自宅でブロードバンドのインターネット利用ができる場合はぜひ試してみるとよいでしょう。

　小学館コーパス・ネットワークは，BNC を始めとして Wordbanks Online などの大型コーパスを集積するポータル・サイトを目指しています (http://www.corpora.jp)。このようなオンライン・サービスが充実してくれば，インターネットにさえつなげていれば，いつでもだれでもコーパス・データに触れることが可能になります。

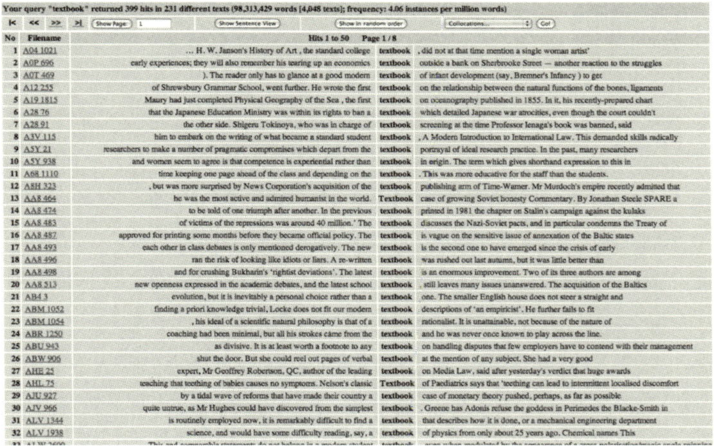

図 5-3　BNCWeb 検索画面

第 5 章　語彙指導にコーパスを利用する —— 151

最後に，コーパスは専門家がデザインしてきちんと作るものばかりではありません。現在では，世界中の英語教師がインターネットの恩恵で英語のテキスト・データを自分の勉強や研究用にダウンロードして，自分の興味や目的に合った「自作コーパス」を作っています。後に紹介する「学習者コーパス」もこのような試みの1つです。

> **まとめ**
> - 英語コーパスにはさまざまな種類のものがすでに公開されている。
> - 英語教師はコーパスの基本知識（種類や入手方法）を知り，授業や研究に適宜利用すると有益である。

4　検索ツールを準備する

　さて，オンライン・サービスを利用する場合を除いて，通例は自分の用意したデータ（ICAMEのCD-ROMだったり，自前コーパスだったりいろいろでしょうが）をパソコンで処理しなければなりません。そのためには，いわゆる「コンコーダンサー」が必要になってきます。コーパスは通例普通のテキスト・ファイルにいろいろな書誌情報や品詞などの単語情報，名詞句などの構文情報，そして文・段落などの情報がタグの形でテキスト内に付与されています。検索ツールは一般ユーザーがこのような複雑なデータを見やすく表示したり，高速に検索したりするために用います。極端な話では，専用の検索ツールがなくても，汎用のUNIXコマンド（grep, sort, uniq, wc, sed, awk）などを使用すればかなりの処理が可能ですが，ここではより簡単に検索が行える現在入手可能な検索ツールの主要なものを紹介します。

4-1　商用コンコーダンサー

● WordSmith (http://www.lexically.net/)

　Windows 用のコンコーダンサーとしては MonoConc と共にもっともよく知られています。リバプール大学の Mike Scott が開発。現在 version 5 が OUP から正式にリリースされています。単語リスト作成・単語リスト比較，コンコーダンス，キーワード分析の 3 種類のモジュールを組み合わせて分析でき，BNC，ICAME などに標準添付されいるため，デファクト・スタンダードと言ってよいでしょう。

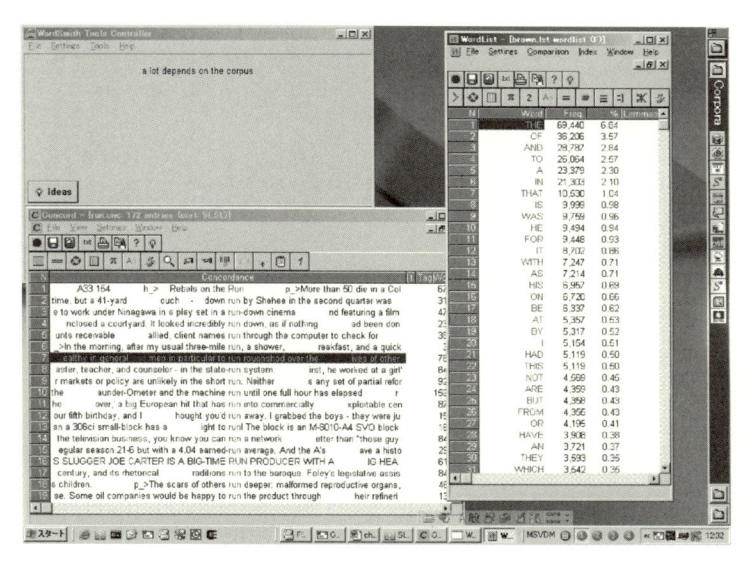

図 5-4　WordSmith の使用画面

● MonoConc Pro

(http://www.athel.com/)

　オークランド大学の Michael Barlow が開発したもので，彼のコーパス言語学のページは非常に有名です。

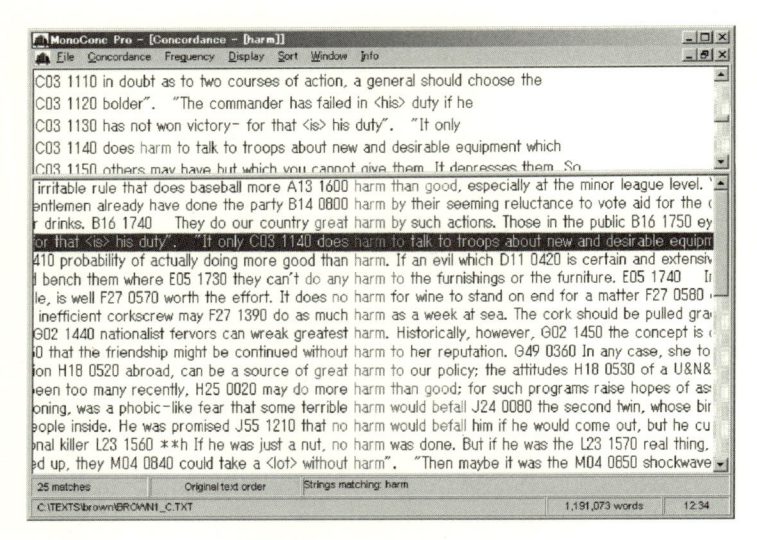

図5-5　MonoConc Pro

　MonoConc Pro は WordSmith と人気を二分するコンコーダンサーですが，MonoConc Pro の方がタグ付きテキストの処理や正規表現検索（テキスト検索の際に複雑な記号を用いて柔軟な検索式を書ける）に優れています。また1億語以内の比較的大きなファイル・サイズのコーパス処理にも頑健なところが特徴です。

● TXTANA Standard Edition

(http://www.biwa.ne.jp/~lagoinst/index.htm)

　国産コンコーダンサーで，翻訳家の赤瀬川史朗氏が作成したものです。クエリー機能を使って検索条件を絞り込んでいく探索的な処理が直感的に使いやすく，また WordSmith よりも複雑な正規表現検索が可能です。コンセプト辞書という検索語の変化形・活用形の辞書をカスタマイズすることで検索対象にさまざまな条件を付加でき，それを保存して何度でも実行することができます。2004年以後ヴァージョンアップがなく若干古さを感じさせますが，根強い人気を持っています。

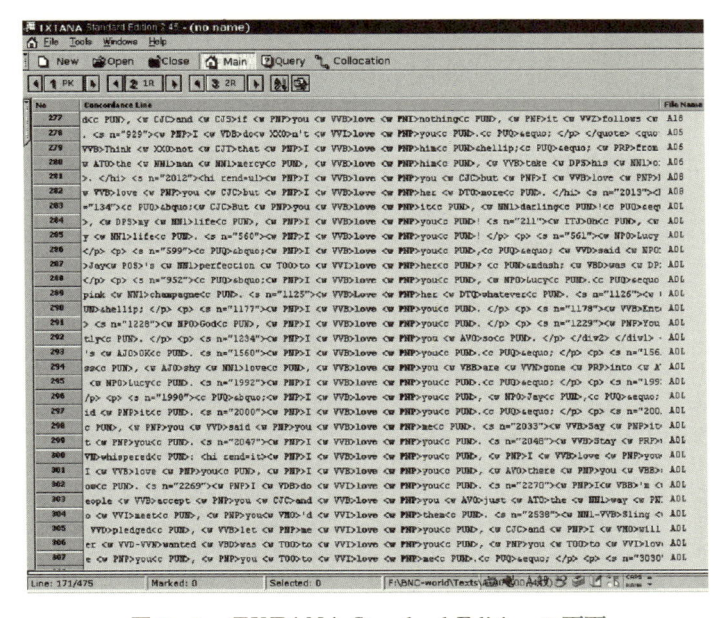

図 5-6　TXTANA Standard Edition の画面

4-2　フリーウェア

● AntConc

(http://www.antlab.sci.waseda.ac.jp/software.html)

　早稲田大学の Laurence Anthony が開発したフリーの汎用コンコーダンサー。コンコーダンス，単語リスト作成，キーワード分析，検索語のプロット，コロケーション・リスト作成，n-gram 統計（n 語の連鎖頻度）など，機能的には WordSmith5, MonoConc Pro とほぼ同等で，非常に軽く操作性もよいです。Windows, Mac 版があります。

図 5-7　AntConc の検索画面

● ConcApp Concordancing Programs
(http://www.edict.com.hk/pub/concapp/concapp.HTM)

香港工科大学の Chris Greaves 率いるグループの Virtual Language Centre というサイトから web concordancer のページに行き，その一番下の "Download ConcApp for Windows" からダウンロードできます。Windows 版で機能はいたってシンプルですが，一応ソートやコロケーションのパタンも出すことができ，また日本語のフォントも扱えるので，日本語コーパスも検索可能です。

まとめ

- Windows ベースの各種コーパス検索ソフトが入手可能になっている。
- ソフトのインストールがむずかしいと感じる人には，徐々に普及してきている web 検索サービスから試すとよい。

5 検索の実際（オンライン・コーパス編）

では実際にどのようなデータが検索できるのか，オンライン・コーパスを例にとって見てみることにしましょう。ここでは主要なオンライン・サービスとして BNC, Wordbanks Online, COCA そして少し変わったデータが出せるものとして Phrases in English を紹介しましょう。

● BNCWeb
(http://bncweb.info/)

1億語のイギリス英語のコーパス BNC は BNCWeb という専用 web 検索ソフトで登録すると検索が可能になります。図 5-8 は textbook という単語を検索した結果です。

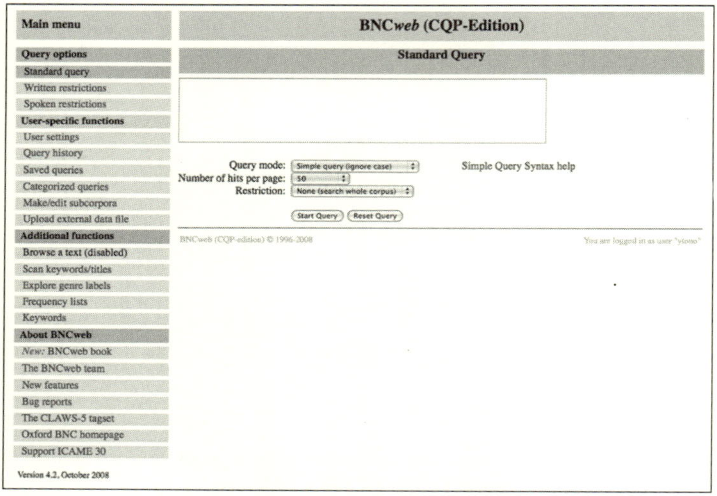

図 5-8　BNCWeb メイン画面

BNCWeb は以前は一部の機関でしかアクセスができませんでしたが，Oxford にある BNC 開発担当の部局が公式に検索ソフトとして認めたため，利用が可能になりました。テキストのジャンルや話者の属性などのメタ情報を活用した極めて複雑な検索にも対応した優れたインタフェースです。ここではその豊富な機能をすべて網羅できませんが，是非検索サイトを試しに使ってみることをお薦めします。

BNC の例文は全体にむずかしいものが多いのですが，辞書に

例文が載っていないような単語でも相当な確率で例文がヒットするので，用例データベースのようなつもりで使うと便利です。たとえば，目の前にある『ジーニアス英和辞典』（大修館書店）のpaperboundからpapyrusまでの21語は辞書中に用例が載っていませんが，BNCで検索すると2語を除いて全部用例が見つかります。

paperbound	3*	papillote	3
paperboy	10	papist	18
papergirl	3	papoose	4
paperhanger	1**	papus	4
paperhanging	1	pappy	16
paperweight	44	paprika	46
paperwork	514	Pap test	0
papery	27	Papua	196
papier-mâché	0	Papule	1
papilla	88	Papyrus	61

＊：paper-bound 含む
＊＊：paper hanger 含む

これだけ用例がヒットすると，高校レベルの語彙指導などにも威力を発揮します。たとえば辞書などで意味をとらせて，まだ使い方が今ひとつわからないような場合に，BNCからの用例で適当な長さのものを10個くらい示せば，さまざまな使用場面を繰り返し見せることにより，用例そのものが単語の意味や使い方を語ってくれるでしょう。むずかしい単語は，その場でオンライン辞書（Longman Web Dictionary とか Babylon など）で検索すればよいでしょう。

● Wordbanks online
　(http://www.collinslanguage.com/wordbanks/default.aspx)

　コーパスの老舗COBUILDのサイトも必見です。COBUILDは現在5億5000万語以上の大規模なコーパス・データを持っていますが，従来のtelnetによるシステムではなく，最新の検索サービスではSketch Engineのシステムを利用して非常に使いやすいサイトに変貌しています。(図5-9参照)

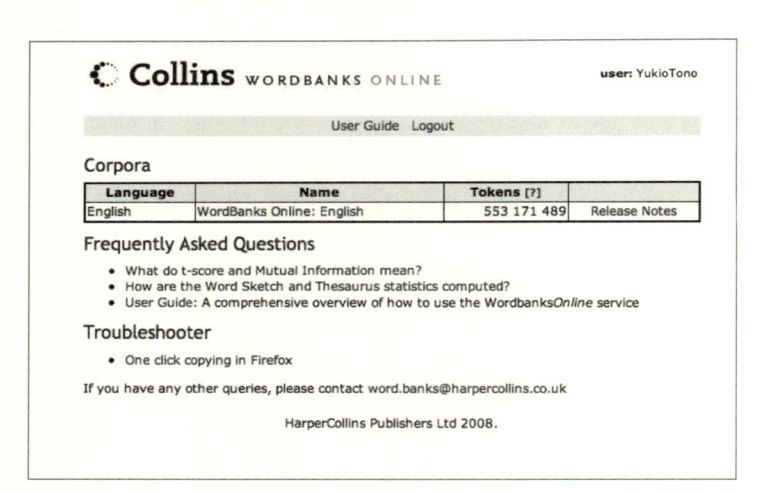

図5-9　Wordbanks Onlineのメイン画面

　年間の利用料が695ポンド（2010年8月現在）とかなり高額なのが玉に瑕ですが，5億5000万語のデータを最新のインタフェースで検索できます。

　Sketch Engine (http://www.sketchengine.co.uk) はweb corpusを中心に大規模コーパス検索のポータルとして世界中で使用されているサイトで，現在ロングマンを除く主要な英英辞典出版社はこのSketch Engineをデフォルトの検索エンジンに採

用しています。

　図5-10は Wordbanks Online のサブコーパス選択画面です。Wordbanks Online は他の主要均衡コーパスと異なり，英米語が両方含まれており，バランスがとれたコーパス（それぞれ約2億語ずつ）になっています。いちいち英米のコーパスを引き比べなくてもいい，という点で便利です。ただし，最新版は web 中心の資料が多めである点，またサブコーパスの比率としては新聞が2億8000万語と約半分を占めている点などを注意してデータを見る必要があります。

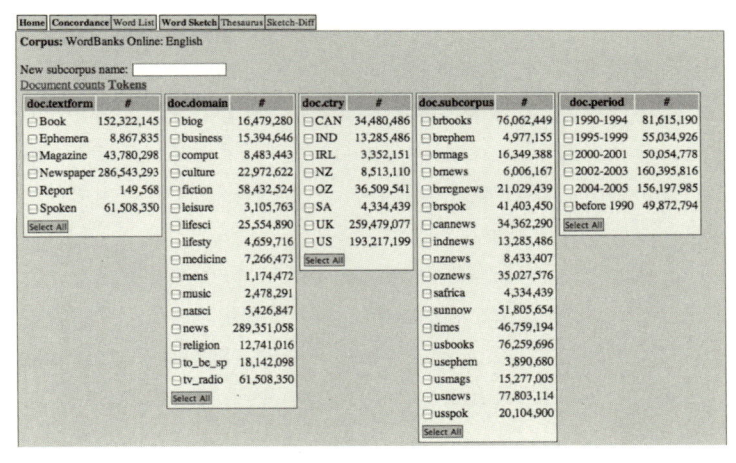

図5-10　Wordbanks Online のサブコーパス選択画面

● Contemporary Corpus of American English（COCA）
（http://www.americancorpus.org/）

　Brigham Young 大学の Mark Davies が作成した約 4 億語の米語コーパスです。特に1990年から20年間で2000万語ずつサンプリングしてあり，かつテキスト・ジャンルも考慮した均衡コーパス（balanced corpus）として，唯一 BNC に比較し得る米語データになります。登録すれば無料で利用できますが，検索結果などに著作権上制限があります。Web インタフェースは非常に洗練されていて，検索結果をジャンル別に一覧する機能などもあります。次頁の図 5-11は awesome という形容詞を検索して頻度分布をジャンル・年代別に見たものです。Awesome はもともとは「畏敬の念を起させる」という改まった言葉でしたが，最近は口語で「すごい」というほめ言葉として使われます。分布をみると，年代を追うごとに awesome の用例が増えていること，会話（spoken）および雑誌（magazine）といったジャンルで使用頻度が高いことがわかります。

　COCA にはこのほかに［comparison］という機能もあり，たとえば awesome と wonderful がどのような単語と共起するかをテーブルで比較することができます。同様の機能は Wordbanks Online でも Sketch-diff という機能で実現されています。

● Phrases in English
（http://pie.usna.edu/）

　このサイトは BNC を利用していますが，普通のコーパス検索ツールとは異なります。Bill Fletcher が BNC からさまざまな情報をデータベース化して公開しているサイトです。主要な機能としては，以下の 4 つがあります。
A) N-grams: BNC の n 語の単語の連鎖頻度

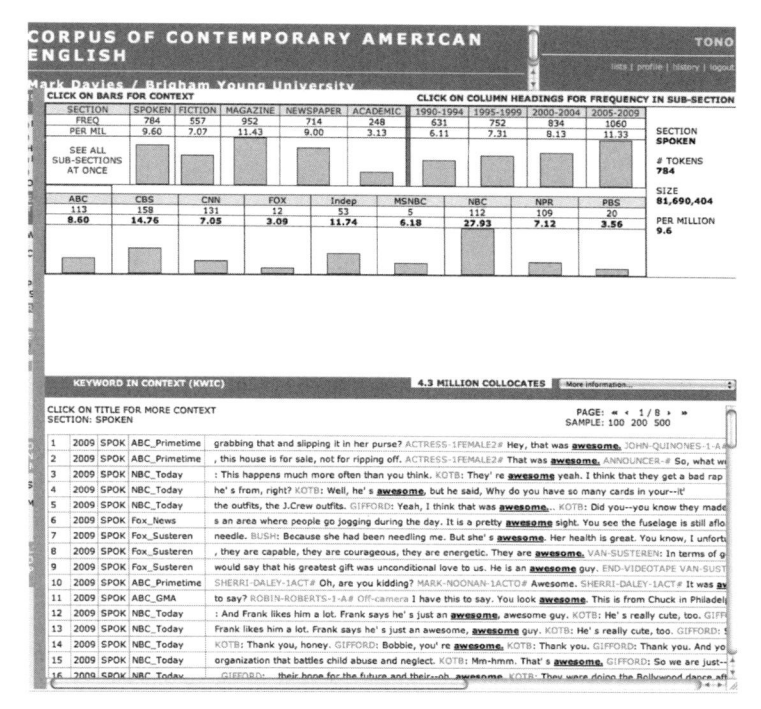

図 5-11　COCA awesome の頻度分布と用例

　　例：the end of ...（3語連鎖）
B）Phrase-frames：単語連鎖の一部を自由に入れ替えられる部分としてフレーズ化した頻度（*が可変部分）
　　例：the *of ...
C）PoS-grams：n個の品詞の連鎖頻度
　　例：Det N Prp（決定詞＋名詞＋前置詞）
D）Char-grams：n文字の文字列の連鎖頻度
　　例：ing

is a *	66476 3428	VBZ AT0 -*-
was a *	53687 3296	VBD AT0 -*-
is * to	53046 717	VBZ -*- TO0
is the *	52119 2798	VBZ AT0 -*-
be * to	47999 733	VBI -*- TO0
was * to	44333 718	VBD -*- TO0
is not *	39689 1181	VBZ XX0 -*-
is * the	33725 654	VBZ -*- AT0
was the *	33662 2085	VBD AT0 -*-
are * to	28754 459	VBB -*- TO0
be * in	27919 1201	VBI -*- PRP
was * in	27525 1279	VBD -*- PRP
was * by	25905 1176	VBD -*- PRP
be * by	25656 1057	VBI -*- PRP
be a *	25601 1918	VBI AT0 -*-
is * a	25376 441	VBZ -*- AT0
is to *	25269 848	VBZ TO0 -*-
was * the	25259 630	VBD -*- AT0
's a *	23975 1559	VBZ AT0 -*-
was not *	23062 987	VBD XX0 -*-
was * a	22168 484	VBD -*- AT0
is * in	20662 999	VBZ -*- PRP
be * to	20078 665	VBI -*- PRP

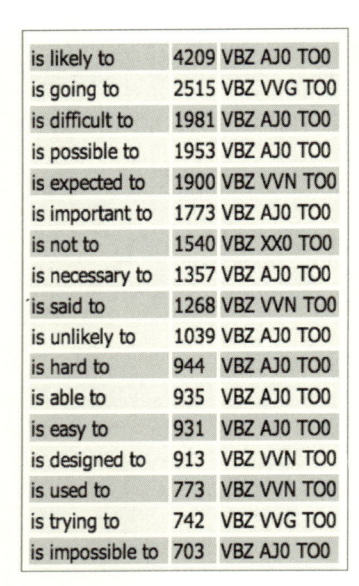

is likely to	4209	VBZ AJ0 TO0
is going to	2515	VBZ VVG TO0
is difficult to	1981	VBZ AJ0 TO0
is possible to	1953	VBZ AJ0 TO0
is expected to	1900	VBZ VVN TO0
is important to	1773	VBZ AJ0 TO0
is not to	1540	VBZ XX0 TO0
is necessary to	1357	VBZ AJ0 TO0
is said to	1268	VBZ VVN TO0
is unlikely to	1039	VBZ AJ0 TO0
is hard to	944	VBZ AJ0 TO0
is able to	935	VBZ AJ0 TO0
is easy to	931	VBZ AJ0 TO0
is designed to	913	VBZ VVN TO0
is used to	773	VBZ VVN TO0
is trying to	742	VBZ VVG TO0
is impossible to	703	VBZ AJ0 TO0

図 5-12　Phrases in English 検索結果画面（be＋X＋X）

　図 5-12 は Phrase-frames の機能を活用して，3 語のフレーズで先頭が be 動詞のパターンを抽出した結果です。表のトップにある is a * というパターンが66476回出現し，そのうちアステリスク部分がいろいろな単語に変わる変異形（variant）が3428種類あった，という数字が出ています。その後の VBZ AT0 -*- は品詞の連鎖情報です。

　試しにランク 3 位の is * to をクリックしてみると，図 5-12 の右側のように具体的に*にどのような単語が入るのかが一覧表になって出現します。is likely to が4209回出現して一番多かったことがわかります。一番右側の品詞連鎖を見るとアステリスク部分には形容詞（AJ0）または動詞の現在分詞（VVG），過去分詞（VVN）などが多く来ることが見て取れます。もし，is not to の

ようにちょっと気になるパターンがあった場合はそのフレーズの上でクリックすると，BNCから部分的ですが用例を閲覧できる機能もあります。

　Phrases in English はまるで BNC をフレーズ・データベースのようにして使うことができます。我々がことばを使う時，どのような部分を基本語彙で定型のチャンクとして表現し，どのような部分を自由にいろいろな単語を入れ替えて使うか，といったことが一発で検索でき，重要度の高いチャンクを学習する際などに非常に重宝するリソースです。

> **まとめ**
> ・主要なオンライン・コンコーダンサーの特徴をつかんでおけば，自分でコーパスを購入しなくとも，基本的な検索利用ができる。
> ・CALL システムなどで生徒に利用させるのにも有効である。

6　検索の実際（デスクトップ編）

　さて，デスクトップの場合はどうでしょうか？自分の手元にあるコーパス・データを利用して何が出来るのかを具体的に見ていきましょう。なお，本書では基本的にコーパスの処理は OUP から発売されている WordSmith Tools を用いて行いますが，一般的なコンコーダンサーを使えば類似の検索ができると思いますので，参考にしてください。

6-1 頻度リスト作成

コーパスから得られるもっとも有益な情報の1つは、「単語リスト」でしょう。そのテキスト全体がどのような語彙によって成り立っているか、というデータ全体の鳥瞰図を「単語リスト」は示してくれます。図5-13はWordSmithによって作成されたBritish National Corpusの書き言葉部分の単語リストです。

図の単語リストは頻度順のリストですが、WordSmithではこれ以外にアルファベット順のリストと、コーパス全体の総語数などの統計値をまとめたファイルを作成してくれます。その統計情報をまとめたのが次ページの図5-14です。ここに示されているように、コーパス全体のデータサイズ（バイト数）、総語数（tokens）、異なり語数（types）、異なり語の総語数に占める割合(type/token ratio)およびその標準化された値(Standardised type/token)、平均単語長(Ave. word length)、文の数 (sentences)、平均文長(Sent. Length)、段落数 (paragraphs)、段落の長さ (Para. Length) などの詳細な情報がコーパス毎に瞬時に得られるので、大変便利です。

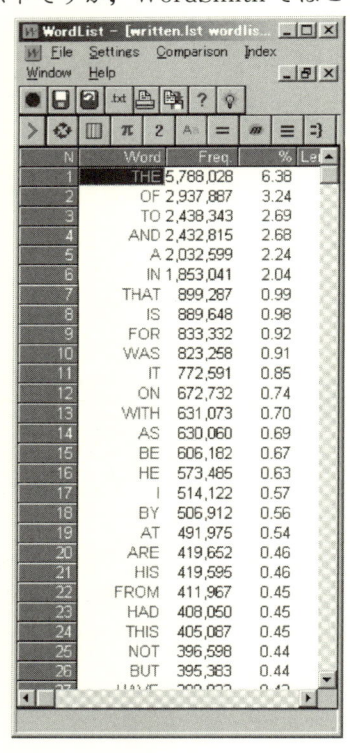

図5-13　BNC writtenの単語リスト

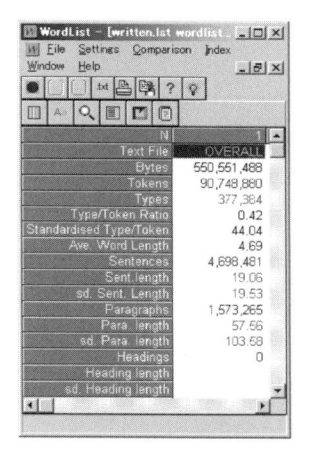

図 5-14　コーパス統計情報のファイル

6-2　コンコーダンス

　単語リストと並んで有益なコーパス・データからの情報が検索したい単語のコンコーダンス（concordance）です。これは通常，検索対象語をキーワードとして中央に配置して，その文脈が両側に一定の桁数だけ表示される KWIC（Key Word In Context）という形式で示されます。以下に，run を Frown という100万語のアメリカ英語コーパスで検索した例を示します。

　コンコーダンスの長所は検索語の左右の文脈をソートして，どのようなパタンで単語が用いられているかを観察できることにあります。たとえば，run を右側の1語目でソートしてみたのが図5-16です。これを見ると，run が前置詞または副詞の句動詞を伴って用いられる様子もよくわかります。

　同様のコロケーション情報を頻度表として出すことも可能です。この場合には，run の右左の文脈の1語目，2語目ごとに頻度を

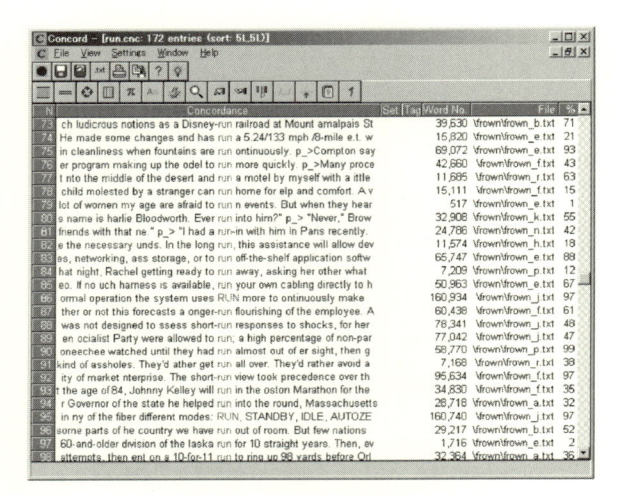

図5-15　run の検索結果

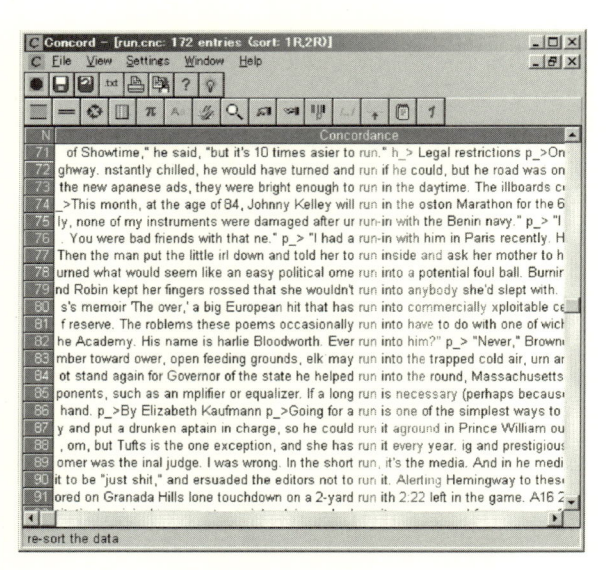

図5-16　run の右側でソートしたところ

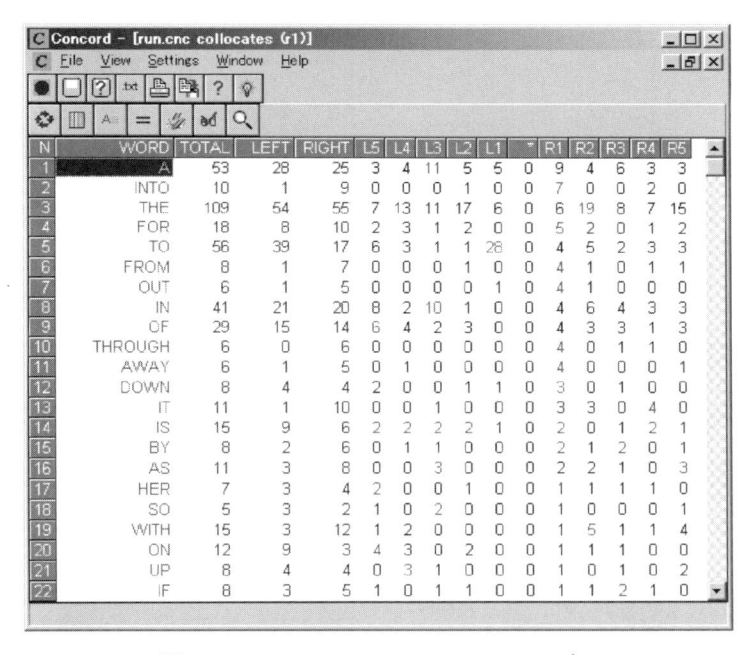

図 5-17　run のコロケーション・テーブル

集計したコロケーション表を作成します。その様子が図 5-17 です。このようなパタンを調べることができれば，単語を 1 つずつ個別に覚えさせるという発想あるいは例文レベルの提示を超えて，「どのような単語と一緒に覚えるのが効果的か」というコロケーション頻度を重視した教材の提案が可能になるでしょう。

まとめ

- 一般的には WordSmith などの汎用コンコーダンサーを自分のパソコンにインストールして利用する方法がある。
- おもな利用方法として①コーパスから単語の頻度リストを作る，②興味のある単語を検索してコンコーダンスを出す，という2つの機能がある。それらの情報から何をするか，が英語教師の腕の見せ所である。

7 コーパス・データをどのように利用するのか

ではこのような単語リストを実際にどのように中高の英語教員が利用できるのか，を考えてみましょう。単語リストの主な活用分野として以下の3つの点を中心に解説します。

① 学習語彙の選択・重み付け
② 発表用語彙の選定
③ 英作文指導と評価の資料

では早速実際の応用例を見てみることにしましょう。

7-1 学習語彙の選択・重み付け

コーパスから単語リストを作ることのメリットの1つは，どのような単語がより頻繁に用いられるかをデータで直接確かめることによって，学習語彙の選定に役立てられるということです。こう聞くと「学習語彙の選定などは，文部科学省とか教科書の著者がすることだ」と思うかもしれません。しかし，コーパスを用いることで，中高の教員が自らの手で選択したコーパス・データを

もとに語彙表を作成し，重要度に関する明確なイメージを持ったり，教材の配列や選択を考えたりということが可能な時代になってきているのです。実際に試してみれば，それほどむずかしいことではなく，だれもが利用でき，またその効果は非常に大きいと言えます。

たとえば，Brown Corpus と LOB Corpus のデータが手元にあれば，100万語のアメリカ英語とイギリス英語の語彙リストが瞬時に作成できます。これを合成して両者に共通な基礎語彙リストを作れば，英米の違いを加味したリストを自分なりにアレンジできます。これに British National Corpus

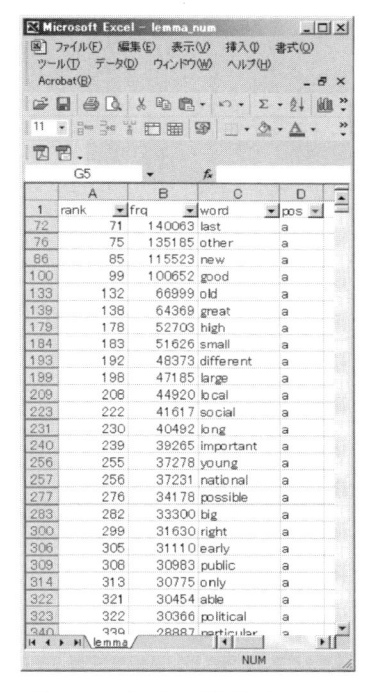

図 5-18　BNC 品詞付リストで高頻度形容詞を見る

（BNC）1億語のデータを加えて，3つの標準コーパスに載っている上位2000語くらいを抜き出せば，それだけでかなりバランスのとれた基本語リストが出来上がります。

さらに品詞タグ（POS tag）を使って語彙リストを作成できれば活用度は飛躍的にアップします。品詞タグ付コーパスは単語1つ1つに品詞解析プログラム（POS tagger）によって品詞タグ付与を施したもので，BNC はその代表的なものです。BNC から単語リストを作成することで，たとえば品詞ごとの頻度表を作成できるのです。こうすることで，単純な頻度リスト1000語を

持っているよりも，そこから基本動詞リストだけ抜き出したり，もっともよく用いる形容詞100を抽出して早めに指導したり，といったようなことが可能になるわけです。図5-18はBNCからの頻度リストをExcelに移し換えて，オートフィルタという機能を用いて品詞ごとのリストを動的に作成できるようにしたものです。このような工夫を施すことで，単語リストそのものが非常に利用価値の高いものになります。

7-2 発表用語彙の選定

　語彙リストが役に立つ第2の例として，英作文や英語スピーチのような発表活動の場面を考えてみましょう。最近はライティングの授業でも，コミュニケーションの手段や目的を重視したライティングや，1文ずつの和文英訳ではなく一定のまとまった英文を書かせるような発展的なライティングが志向されています。スピーチでも，ある特定のテーマやトピックに関して，まずライティングで基本的なアイデアをまとめ，発表活動を行ったりすることが多いでしょう。この際に問題になるのは，その課題となるテーマに関するトピック語彙が不足しているために表現できない，ということです。多くの場合，教師は英作文のテキストのモデル・パラグラフの中の語彙で何とかまかなおうとするのですが，実際の作文ではより広範囲の語彙を与えておかなければとても対応できません。

　こんな時に威力を発揮するのが，自分のクラスで書かせた作文データをコーパス化しておくことです。たとえば，1年目にライティングで書かせたいトピックをシラバスとして組み，1年がかりで自由英作文を書かせるとします。それらのトピックごとの作文を夏休みなどの余裕のある時を見て，コンピューターに入力し

ます。もちろん，コンピューター上で書かせる作業ができればこの手間は省けます。こうしていくつかトピック別の作文データがミニ・コーパスとして集まったら，個別に前述のような方法で単語リストを作るわけです。ただ，これだけだと単純なリストなので何がトピック語彙として重要なのかわかりません。そこで登場するのが「キーワード分析（Keyword Analysis）」という WordSmith の機能です。実際のアウトプットは図5-19のようになります。これは簡単に言うと，自分の作ったミニ・コーパスと基準になる大きなコーパス（たとえば Brown とか BNC など）の2つを比較して，基準になるコーパスに比べて極端に高頻度に出てくる単語をそのミニ・コーパスの特徴を示すキーワードとして

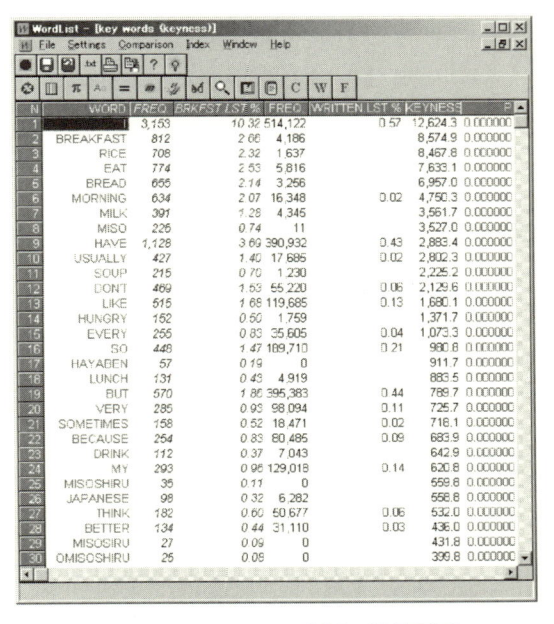

図5-19　Keyword 分析の結果画面

抽出する方法です。

　Keynessという部分のスコアが高ければ高いほど，生徒の書いた作文中で一般の英文に比べて特に高頻度に出てきている単語と言えます。図の例では「朝食」に関する作文なので，リストを見ると朝食に関して表現したい語彙（breakfast, rice, eat, bread）が上位に来ていることがわかるでしょう。

　より精密にするためには，このリストからいわゆる機能語と基本語のリストを除いてしまうことです。これはstop wordと言って普通の単語リストから上位の機能語・一般語をピックアップしてファイルにしておき，フィルタに使うというものです。そうすると，トピック語彙が鮮明に見えてきます。

　この方法を用いて，1年に5〜6本程度の作文の課題をもとにトピック語彙を抽出できれば，それらのストックを次の年の授業に使えます。今度は，トピック語彙のリストを与えて書かせてもいいし，それらのトピック語彙のリストとコーパスを両方用意しておき，実際にコーパスで実例を検索させながら指導してもいいでしょう。いずれにしても，具体的に「書きたい表現」が何か？を科学的に知る手段となるのではないでしょうか。

　JEFLL Corpus（Tono 2002）ではこの情報からさらに進んで，「どういう日本語が英語にしにくいか？」という情報をコーパス内に組み込んでいます。この情報があれば，語彙リストとして「生徒が英語にできなかった単語リスト」を作ることが可能になります。それらの詳細な分析はまた別の機会に譲りますが，そのようなリストもトピック語彙として生徒が知りたい単語を抽出する貴重なリソースとなるでしょう。

　このような作文のトピック語彙を先生同士で共有すれば素晴らしいと思います。できればもとになったコーパス・データもシェアできるともっとよいでしょう。そうすることにより，英語教師

が準備不足で悩んでいるライティングやスピーチ，ディベートなどの活動に語彙支援の面で大いに貢献することができるでしょう。

7-3　英作文指導と評価の資料

　3つ目に私の行っている，語彙リストを用いたライティングの授業の実践例を紹介しましょう。大学1年生が対象のWriting Ⅰの授業では「一定のまとまった英文を継続的に書かせる」ということを目標にしました。授業ではコンピューター・ルームを利用しており，テキストは使用しません。2週間で1本のトピックに関して自由英作文を書かせます。その媒体としてはいわゆるBBS（掲示板）のフリーソフトを自分のサーバーに設置してそこに書き込みをさせるように設定しました。

　さらに全員に，BBSに投稿後，BBSを閲覧しながら1人あたり最低5名の友人の作文を読んで，それに対して「もっと知りたいこと」を英語でコメントすることを義務付けました。かつ，なるべく全員にコメントが行き渡るように1つの作文にコメントが集中しないように注意を促しました。こうすると最低でも平均5人くらいから自分の作文に対するpeer reviewを得られるので，revisionの際の参考にもなります。

　これだけでもまだ面白くないので，自分の書いている作文の文法の誤りに関する意識を高めるために，各作文に対して問題箇所をアステリスク（＊）で印をつけてBBSにコメントとしてアップしてみました。学生自らに考えさせるため添削はあえてせず，学生はこの私の文法の誤り箇所のマークと，5名の友人からの参考意見をもとに再度自分の作文を書きなおします。その結果を最終バージョンとしてBBSに再度アップするというわけです。

　今年度はさらにこの方法に工夫を施しています。最終的にアッ

プした作文をプリントアウトし，1日10回音読させ，1週間後に抜き打ちで皆の前で作文を見ないで口頭で発表するという宿題を課しています。これで，書いたものを口で言えるようにするためのサポートをしようというわけです。この方法はBBSというコンピューター環境を使っているために，教師の負荷が非常に少ないので大変効果的です。なぜなら，同じことを紙と鉛筆でやろうとすると，作文のコピーを作ったり，添削の記録をつけたりという教師の事務処理作業の時間が大幅に増えてしまいます。熱心な先生はそういうことされていると思いますが，かなりの負担になりますのでそれを省エネでうまくクリアできると活用の路が開けてきます。

　そして最後に登場するのがコーパスです。学期末になると，BBSのデータを個人データとして個別に整理して1人1人の作文コーパスを作ります。そして，その個人の作文の評価に語彙統計を活用するわけです。学生全員のデータを単語リストにすることで，WordSmithによる個人の作文の統計情報が出ます。これで，学期中に書いた作文の総語数はどのくらいかがわかりますし，1つ1つの作文で書く量が増えたか減ったかもわかります。異なり語数を見ればどのくらい語彙が豊富かもわかり，キーワードを抽出すれば，一般の学生の作文に対して，どういう表現を特に使いすぎているか，どういう表現が出てこないか，といった大まかな語彙使用の状況もわかります。これを全体のコーパスを処理した平均データと併記して，1人1人にレコードとして返却します。そうすると，自分がクラス全体でどの程度作文をがんばったかが実に鮮明に数値化されて，学生は非常に感心して自分のデータとクラス全体のデータを比べて自分の実力を知るのです。

　以上のように，コーパスは研究の道具だけでなく，実際の英語指導と結びつけたときに威力を発揮します。コーパスといっても

要は「ツール」なのですから，自分の自由な発想で活用すればよいのです。

> **まとめ**
> - コーパス・データは単なるデータなので，そこからどのような教育への応用をするかが大事である。
> - ここでは①学習語彙の選択や重み付け，②発表用語彙の選定，③英作文指導の評価資料，という3つの応用分野で具体例を示した。
> - まずはご自分の教室内で生徒のデータをコーパス化してみる，という発想をぜひ試してみていただきたい。

8 学習者コーパス研究

前節で，授業で書かせた英文をコーパス検索プログラムで処理することでできる指導例を紹介しました。このように学習者の英語を収集してコーパス化し分析する研究分野を「学習者コーパス」といいます。英語では (computer) learner corpora (corpora は corpus の複数形) とか learner's corpus という言い方をします。簡潔に言うと，学習者コーパスとは「ある外国語を勉強する学習者が話したり書いたりしたものを大量に収集し電子化したもの」です。学習者の output を調べてみるというのは別に目新しい発想ではありません。昔から授業分析などではプロトコルを作って一生懸命データの分析をしてきました。

学習者コーパスは何よりもそういった学習者データを大量に収集し，レベル別，技能別，抽出タスク別などのインデックスをつけて管理し，コーパス言語学のノウハウを応用して統語構造や語彙使用についての使用頻度や例文検索，結びつきのパタン，誤用

例等々の情報を容易に取り出せるようにデータの整備をしたものです。では具体的に学習者コーパスはどのような分野での貢献が期待されているのでしょうか？大まかにまとめてみますと以下のようになります。

(A) 言語教育の分野での活用
　　①学習段階ごとの語彙使用の実態把握
　　②英語学習上の困難点を予測
　　③コーパスデータによる表現学習
(B) 新しい第2言語習得研究の可能性
　　①英語学習者の中間言語の記述
　　②学習者データの蓄積と共有

　　③母語の影響とエラー分類
(C) 辞書・教科書・教材開発
　　①辞書編纂
　　②教科書・教材開発

　学習者コーパスの詳細について，関心がおありの方は Granger (1998)，または投野の web ページ (http://tonolab.tufs.ac.jp) を参照してください。最新の学習者コーパス情報が得られるように随時更新しています。

9　まとめ

　この章では，コーパスを利用した語彙習得・語彙学習研究の初歩として，主要なコーパスとツール類の紹介，検索の実際とコーパスを活かした語彙指導の例，そして学習者コーパスの可能性に

関して短く触れました。まだまだ一般的には馴染みの薄いコーパス言語学の分野ですが，語彙知識を身につけさせるプロセスを助けるためにさまざまな資料を提供してくれるコーパスの活用は，今後の語彙学習・指導には不可欠であろうと思います。ぜひ，この章をきっかけに実際のデータに触れてみることをお勧めします。

6 語彙はどうテストするのか

　ここまで見てきたことから，語彙力は，どれだけたくさんの語を知っているか（サイズ），1つの単語をどれだけよく知っているか（知識の深さ），どれだけ速く1つの単語を使えるか（認知速度）の3つの観点から捉えることができます。語彙のテストもこの3つの観点から行うべきですが，残念ながら，3つの観点をすべて満たす語彙の測定方法は確立されていません。この章では，語彙力の測定方法としてこれまでに提案されているさまざまなテストを見ていきます。そして，自分が測定したい目的に合った語彙テストを作成する手順を示します。

1　受容語彙サイズはどうテストするのか

　語彙サイズのテストとしては，Nation のレベルズ・テスト (The Vocabulary Levels Test)，Paul Meara のチェックリスト・テスト (Checklist Test)，望月正道の日本人学習者のための英語語彙サイズ測定テストが挙げられます。いずれも元となる語彙表から測定すべき語のサンプルを採り，そのうちどれだけを知っているかの割合を，元の語彙表の語数と掛け合わせることで，語彙サイズを推定します。いずれも綴りを見せて，その綴りについて知識を問うので，受容的語彙サイズテストと言えます。現在，

音声を聞いて意味を選ばせるような受容的語彙サイズテストも開発されつつあります。

●レベルズ・テスト (Nation, 1990; 2001)
〈2000語レベル：高校生，3000語レベル以上：大学生〉

　レベルズ・テストは，2000語，3000語，5000語，大学レベル，10,000語の5つのレベルで，英語の定義に相当する単語を選択する形式のテストです。各レベルとも6つのセクションから成り，各セクションに3つの定義と6つの単語の選択肢があります。つまり，各レベルとも18題問題があることになります。5つのレベルで合計90題の問題に解答し，学習者の受容語彙サイズを測定します。2000語レベルの例を見てみましょう。

　6つの選択肢となる語は，意味的に大きく異なり，意味を詳しく知らなくても正解することができます。Nationは本来このテストを学習者の語彙の診断テストとして作成したのですが，他によい語彙テストがないため，研究者の間では語彙サイズテストとして利用されています。各レベルとも18題中15題以上正解ならば，そのレベルの語彙力があるとします。また，元となる語彙表の語彙数と正解率を掛けて，語彙サイズを推定することもできます。

　レベルズ・テストは，短時間で実施できるため，学習者のクラスへの配置テスト (placement test) や研究目的に広く利用されています。しかし，もっともやさしいものでも2000語レベルで，しかも定義の方がテストされている単語よりむずかしいこともあるため，初級者には向いているとは言えません。さらに，ワードファミリー換算を採用しているため，2000語レベルと言っても，派生形に換算すると1.6倍の語彙をテストしていると考えられています (Laufer, 1992b)。また，元となる語彙リストが，2000語レベルはGSL，3000語以上はThorndike and Lorge (1944) の

The 2,000 Word Level

1 copy
2 event   _____ end or highest point
3 motor   _____ this moves a car
4 pity   _____ thing made to be like
5 profit   another
6 tip

1 accident
2 debt   _____ loud deep sound
3 fortune   _____ something you must pay
4 pride   _____ having a high opinion of
5 roar   yourself
6 thread

1 birth
2 dust   _____ game
3 operation   _____ winning
4 row   _____ being born
5 sport
6 victory

1 clerk
2 frame   _____ a drink
3 noise   _____ office worker
4 respect   _____ unwanted sound
5 theatre
6 wine

1 dozen
2 empire   _____ chance
3 gift   _____ twelve
4 opportunity   _____ money paid to the government
5 relief
6 tax

リストをKučera and Francis (1967) の頻度情報で補正したものと古いため，現在必要とされる語彙を測定しているかどうかの疑問が残ります。

●チェックリスト・テスト（Meara and Buxton, 1987; Meara, 1992）
〈1000語レベル：中学生，2000語・3000語レベル：高校生，4000語レベル以上：大学生〉

チェックリスト・テストは，リストの単語を知っているかどうかYesかNoで解答する簡単なテストです。知っていると答えた単語の数から，語彙サイズを算出します。これは，英語母語話者の語彙サイズを測定するために19世紀後半から用いられてきた手法です。20世紀に入ると，知らない語をYesと答えても，それを見抜くことができないという妥当性の問題が指摘されました。1980年代にAnderson and Freebody (1983) が本当の単語のように見えるが実在しない擬似語を混ぜることにより，妥当性の向上を試みました。Meara and Buxton は，この擬似語を混ぜる方法を第2言語としての英語学習者のために応用しました。

現在の形式は，1000語，2000語，3000語，4000語，5000語，上級レベル，10,000語レベルと7つのレベルがあります。各レベル60語あり，そのうち40語は実在の語，20語は擬似語です。実在語を知っていると解答した数（hit），擬似語を知っていると解答した数（false alarm）から語彙サイズを算出します。2000語レベルの例を見てみましょう。

このようにチェックリスト・テストには，galpin, benevolate, ager のような擬似語が混ざっており，受験者は確実に知っている語のみを知っていると答えることが求められます。このテストは，筆記版よりもヨーロッパ協議会が使用しているコンピュータ

> Level 2 Test 201
>
> Read through the list of words carefully. For each word: if you know what it means, write Y (for YES) in the box; if you don't know what it means, or if you aren't sure, write N (for NO) in the box.
>
> | | | | | | |
> |---|---|---|---|---|---|
> | 1 [ ] galpin | 2 [ ] impulse | 3 [ ] suggest |
> | 4 [ ] advance | 5 [ ] peculiar | 6 [ ] benevolate |
> | 7 [ ] indicate | 8 [ ] needle | 9 [ ] destruction |
> | 10 [ ] compose | 11 [ ] ager | 12 [ ] debt |
> | 13 [ ] generate | 14 [ ] fast | 15 [ ] buttle |
> | 16 [ ] horobin | 17 [ ] route | 18 [ ] undertake |
> | 19 [ ] descript | 20 [ ] attach | 21 [ ] condimented |
> | 22 [ ] leisure | 23 [ ] benefit | 24 [ ] protect |
> | 25 [ ] seize | 26 [ ] pauling | 27 [ ] carry out |
> | 28 [ ] overend | 29 [ ] contact | 30 [ ] vertical |
> | 31 [ ] population | 32 [ ] loveridge | 33 [ ] club |
> | .... | .... | .... |
> | 58 [ ] horozone | 59 [ ] almanical | 60 [ ] dissolve |

版の方がよく知られています。コンピュータ版は，10分ほどの短時間でテストを受け，即時に語彙サイズを測定します。そのため，配置テストとして多く利用されています。

　スウォンジー大学応用言語学部語彙習得研究グループは，第2言語学習者の語彙力を多角的に測定する目的で The Lex Project という一連の語彙テストを開発中です。チェックリスト・テストは，そのプロジェクトの1つ，X_Lex として使われています。

プログラムは次のサイトに入手方法が書かれています。http://www.swan.ac.uk/cals/calsres/lognostics.htm　このコンピュータ版テストは，5000語までの語彙サイズを測定し，パーセントで結果を出します。

●語彙サイズテスト（望月，1998）
　〈1000語レベル：中学生，2000語〜4000語レベル：高校生，
　　5000語レベル以上：大学生〉

　この語彙サイズテストは，1000語から7000語までの7つのレベルで，各30語の日本語に相当する英単語を選択させる形式です。レベルズ・テストやチェックリスト・テストが比較的古い語彙頻度表を元に作られているのに対して，この語彙サイズテストは，北海道大学英語基本語彙表（園田，1996）という新しい頻度情報を元に作られています。また，レベルズ・テストが初級者の語彙サイズを測定するのに不向きであるのに対して，1000語レベルを設けている点，日本語訳・定義に相当する英単語を選択させる点で，初級者にも適したものになっています。2000語レベルを見てみましょう。

　このように，この語彙テストは，cabbageのように外来語として日本語になった単語が問われている場合，「丸く大きい緑色野菜」のような日本語での定義に置き換えています。また，レベルズ・テストと異なり，語数を派生形換算で計算しています。

　この語彙テストは，学習者の語彙サイズを測定するのに利用されています。たとえば，八島（2002）は，ある都立高校の全学年でこの語彙テストを3年間実施し，その平均語彙サイズを報告しています（p.188，表6-1）。

日本語の意味を表す英語を(1)〜(6)の中から選び，その番号を解答欄に書き入れなさい。

1．旗　　　　　　　　　2．丸く大きい緑色野菜
(1) cabbage　(2) campus　(3) flag　(4) railway　(5) tin
(6) tournament
....

3．賞与　　　　　　　　4．盤上で白黒の駒を動かして，勝敗を競うゲーム
(1) attention　(2) bonus　(3) chess　(4) hook　(5) pride
(6) union
....

5．限界，制限　　　　　6．指導員，指導・助言を与える人
(1) bottom　(2) coach　(3) flight　(4) limit　(5) proof
(6) quantity
....

7．通路，通行　　　　　8．意見，眺め
(1) climate　(2) factory　(3) law　(4) link　(5) passage
(6) view
....

9．勝利　　　　　　　　10．力，強さ
(1) district　(2) fault　(3) quarter　(4) storm　(5) strength
(6) victory
....
・・・・・・・・・・・・・・・・・・・・・・・・
29．分かれた，分離した　　30．緊急の，差し迫った
(1) bright　(2) frequent　(3) initial　(4) safe　(5) separate
(6) urgent

第6章　語彙はどうテストするのか —— 187

表6-1　学年別平均語彙サイズ（八島，2002）

	1年	2年	3年
1999年度	3082語	3247語	3703語
2000年度	2952語	3556語	3853語
2001年度	3203語	3750語	4247語

　これによると1999年度の1年生は2年間で1165語，2年生は1年間で606語，2000年度の1年生は1年間で798語をそれぞれ学んだということがわかります。本書では巻末に付録として7000語レベルまでのテストを収録しています（p. 211～）。読者の先生方も，生徒の語彙サイズの測定にご利用ください。

2　発表語彙サイズはどうテストするのか

　ここ数年，受容的語彙だけでなく，発表的に使える語彙を測定しようという試みがなされています。ここでは，代表的なものとして，統制的発表語彙サイズテスト（A vocabulary-size test of controlled productive ability, Laufer and Nation, 1999），語彙頻度プロフィール（The Lexical Frequency Profile, Laufer and Nation, 1995），Lex30（Meara and Fitzpatrick, 2000）の3つを取り上げます。

●統制的発表語彙サイズテスト（Laufer and Nation, 1999）
〈2000語レベル：高校生，3000語レベル以上：大学生〉
　統制的発表語彙サイズテストは，レベルズ・テストの発表語彙版と考えることができます。レベルズ・テストと同じ5つのレベルがあり，それぞれのレベルで18語が発表語彙であるかどうかを

テストします。作成者であるLaufer and Nationは、発表語彙力を2つに分類しています。1つは、学習者が自分の思うままに使える発表能力で、これを自由発表能力としています。もう1つは、他から綴りなどのヒントが与えられたり、使うように強制されたときにだけ使える発表能力で、これを統制的発表能力 (controlled productive ability) としています。統制的発表語彙サイズテストは、後者の能力を測定するテストとされています。2000語レベルを見てみましょう。

　テストされる語は、文文脈で提示され、最初の数文字が与えられています。学習者は、文脈に合うように、最初の数文字のあとの綴りを書いて、語を完成します。Laufer and Nationは、このテストの妥当性として、2点を挙げています。1つは、英語能力が高い学習者ほどこのテストで高得点を上げ、低い学習者ほど得点が低いことです。もう1つは、2000語レベルから10000語レベルまで、レベルが上がるほど、学習者の得点が下がっていくことです。Lauferは、このテストとレベルズ・テストをイスラエルの高校1年生と2年生に実施し、受容語彙は1年間で大きく伸びるが、発表語彙はそれに比べて伸びが小さいと報告しています (Laufer, 1998)。

　望月と相澤は、このテストの妥当性に疑問を抱き、妥当性の検証を試みました (Mochizuki and Aizawa, 2001)。このテストの2000語、3000語、5000語、大学レベルと、それぞれについて答えとなる語を日本語から書かせるテストの2種類を大学生に実施しました。2つのテストの相関係数はレベルにより.57～.73の範囲のもので、中程度以上と言えます。したがって、発表語彙を測定するテストとして、ある程度妥当なものと言えます。しかし、日本語から英訳はできる単語であるのに、同じ学習者が統制的発表語彙サイズテストでは正解できないような例がいくつか見られま

Complete the underlined words. The first one has been done for you.

e. g. He was riding a bicycle.

1. I'm glad we had this oppo_____ to talk.
2. There are a doz_____ eggs in the basket.
3. Every working person ust pay income t_____.
4. pirates buried the trea_____ on a desert island.
5. Her beauty and cha_____ had a powerful effect on men.
6. La_____ of rain led to a shortage of water in the city.
7. He takes cr_____ and sugar in his coffee.
8. The rich man died and left all his we_____ to his son.
9. Pup_____ must hand in their papers by the end of the week.
10. This sweater is too tight. It needs to be stret_____.

....

16. The differences were so sl_____ that they went unnoticed.
17. The ress you're wearing is lov_____.
18. He wasn't very popu_____ when he was a teenager, but he has many riends now.

190

した。これは，このテストでは文文脈と綴りの最初の数文字をヒントにして単語を表出させようとしているわけですが，文文脈が理解できないために，発表的に知っている語を書けなかったと考えられます。統制的発表語彙テストは，受験者がある程度の読解力，文法力をもっていることを前提にしています。

●語彙頻度プロフィール（Laufer and Nation, 1995）

〈高校生・大学生〉

語彙頻度プロフィールは，学習者の作文で使われている語彙を分析して，発表語彙を測定する方法です。第1章で説明した Range というソフトに作文を入力すると，作文で使われている語彙がレマ化されて，英語でもっとも使用頻度の高い1000語，次の1000語，学術語彙，それ以外の語彙に分類されます。そして，それぞれの分類で延べ語数（token），異なり語数（type），ワードファミリー数とそのパーセントが示されます。学習者の作文を Range で処理した実際の例を見てみましょう。

表6-2　学習者の作文の語彙頻度プロフィール

	延べ語数（%）	異なり語数（%）	ワードファミリー数
もっとも頻度の高い1000語	153（90.0）	81（88.0）	70
次に頻度の高い1000語	10（5.9）	6（6.5）	5
学術語彙	5（2.9）	4（4.3）	4
上の3つのリストにない語	2（1.2）	1（1.1）	??????
合計	170	92	79

この学習者は，総延べ語数170語の作文を書いたことがわかります。そのうちもっとも頻度の高い1000語に入る語は，153語で

全体の90%を占めます。次に頻度の高い1000語に入る語は10語で5.9%,学術語彙に入る語は5語で2.9%,いずれのリストにも入らない語は2語で1.2%であることがわかります。第1章で見たように,延べ語数ではis, in, the のように同じ語が何度も使われて,そのまま数えられます。それに対して,同じ語は1度しか数えないと,異なり語数となります。この作文は,異なり語で数えると92語しか使われていないことがわかります。ワードファミリーは,レマ化された語をさらに派生関係でまとめたものです。

　語彙頻度プロフィールは,より頻度の低い語が使われる割合が高いほど,学習者の発表語彙力は大きいと考えます。Laufer and Nation は,熟達度の低い学習者はもっとも頻度の高い1000語と次の1000語の2000語だけを見ればよく,熟達度の高い学習者は,最初の1000語を除いた3つのリストの比率を見ればよいとしています。

　語彙頻度プロフィールの問題点としては,作文の長さが400語以上であることが挙げられます。ある学習者のプロフィールが安定したものになるためには,400語以上のテキストが必要だとされています。上に挙げた例は,170語の作文ですから,この学習者の発表語彙の比率は信頼できるとは言えないことになります。比較的長めの作文でなければ処理できないとなると,初級学習者には向いているとは言えません。

　Range には,もっとも頻度の高い1000語,次の1000語,学術語彙の3つのリストが組み込まれています。また,使用された単語のレマ化,ワードファミリー化も自動的に実行されます。最初の2000語のリストはGSL,学術語彙リストは,A New Academic Word List (Coxhead, 2000) によるものです。

● Lex 30 (Meara and Fitzpatrick, 2000)
〈高校生・大学生〉

　Lex30は，語連想を用いて発表語彙を測定するテストです。Meara (1990) は，発表語彙と受容語彙の違いを，その言語の単語から連想できる語とできない語の違いと考えています。連想できる語とは，ある単語を聞いたとき，読んだとき，頭に思い浮かべたとき，その語と関連して思いつく語のことです。butterflyと聞いて，moth, insect, yellow, fly, caterpillar, net, catchなどの語が思いつくかもしれません。これらの語はbutterflyから連想された語なので，発表語彙であると考えます。それに対して，small white butterflyと聞いたとき，それがモンシロチョウだとわかるかもしれません。small white butterflyが，butterflyに限らず他の英語の単語から連想されず，その音声・綴りが与えられた場合には理解できるならば，それは受容語彙であると考えます。すなわち，Mearaは発表語彙は頭の中で他の語から連想できる語，受容語彙は他の語からは連想できない語で，音声や文字で形が外部から与えられたときに意味がわかる語と考えているわけです。Lex30は，この発表語彙の考えにもとづき，制限時間内に30の刺激語から連想される語をできるだけたくさん書かせて，発表語彙の大きさを測定しようとしています。Lex30は，本来はコンピュータ上で受けるものですが，ここではコンピュータを使わずに実施する筆記試験版を具体的に見てみましょう。

　例を用いて説明したあと，最初の刺激語attackを読み上げ，連想語を書かせます。以後，30秒後ごとに次の語を読み上げていきます。30の刺激語から書かれた連想語を固有名詞を除いてすべて学習者ごとにテキストファイルに入力していきます。それを*Range*で処理します。*Range*による処理結果から，もっとも頻

これは，ある刺激語がどのような連想を起こさせるかを調べるものです。ある単語から最初に思いつく語を3つ，または，それ以上書いてください。

例
刺激語　　　連想した語
table　　　　chair　　　　desk　　　　dinner
beautiful　　pretty　　　　woman　　　weather　　　beauty
listen　　　 hear　　　　 radio　　　 music　　　　lecture

1つの刺激語に対して30秒で書いてください。30秒たったら次の語に移るように指示しますので，次の語の連想を始めてください。

1. attack _____ _____ _____
2. board _____ _____ _____
3. close _____ _____ _____
4. cloth _____ _____ _____
5. dig _____ _____ _____
6. dirty _____ _____ _____
7. disease _____ _____ _____
....
29. trade _____ _____ _____
30. window _____ _____ _____

度の高い1000語に分類された以外の語数が Lex30 の発表語彙の大きさになります。

　Lex30 は,発表語彙の測定方法として大変ユニークなものです。このような方法は本当に発表語彙を測定しているのか疑問に思われます。作成者のひとり,Tess Fitzpatrick は Lex30 の妥当性を検証するため,母語から英単語を書かせるテストと Lex30 の得点を比べ,2つが中程度の相関関係にあることを明らかにしました (Fitzpatrick, 2002)。望月は,同じ方法で相関を調べ,中級レベルの学習者では両者に.69,初級レベルの学習者では.43の相関があることを明らかにしました。望月は初級レベルで相関が小さいことを外来語の影響であると結論づけています (望月,2002)。このように Lex30 は興味深いテストですが,さらなる調査が必要に思われます。

3　語知識の深さはどうテストするのか

　語知識の深さの測定方法としては,語知識スケール (Vocabulary Knowledge Scale, Paribakht and Wesche, 1993) と語連想テスト (Read, 1993; 1998) が公表されています。他には,語彙研究者が語知識のさまざまな側面を探求するために作成した測定方法があります。たとえば,Schmitt and Meara (1997) は,接尾辞と連想の側面を引き出すテストを作成しています。Mochizuki and Aizawa (2000) は,接頭辞・接尾辞の知識を測定するテストを使用しています。語の連合的 (paradigmatic) 知識や統語的 (syntagmatic) 知識を問うテストも考案されています (Schmitt, 1998; Shimamoto, 2001: Mochizuki, 2002)。また,語の頻度の知識を測定する方法も試されています (Schmitt and Dunham, 1999: Aizawa, Mochizuki, and Meara, 2001)。しかし

ながら、これらの測定方法は、研究の付録として公表されるだけで、広く認知されているとは言えません。ここでは、語知識スケールと語連想テストを取り上げます。

●語知識スケール（Paribakht and Wesche, 1993）
〈中学生・高校生・大学生〉
　語彙は少しずつ知識が増加して蓄積されていく、ゆっくりとした過程を経て習得されていきます。語知識スケールは、語彙習得過程解明のために、その少しずつの増加分を測定しようと考案されました。短期間の学習の後であっても、語彙知識の増加を測定できると考えられています。学習者は、与えられた語についての自分の知識を次のような分類に従って、5段階で申告します。

Ⅰ　この語は見たことがない。
Ⅱ　この語は見たことがあるが、どういう意味かわからない。
Ⅲ　この語は見たことがある。＿＿＿＿＿＿＿＿＿＿（同意語、訳）という意味だと思う。
Ⅳ　この語は知っている。＿＿＿＿＿＿＿＿＿＿（同意語、訳）という意味である。
Ⅴ　この語を使って文を作れる。＿＿＿＿＿＿＿＿＿＿
　　（これに答えるには、Ⅳも答えてください）

　Ⅰ、Ⅱは申告通りに、それぞれ1点、2点が与えられます。Ⅲ、Ⅳ、Ⅴに関しては、解答した内容が正しければ、それぞれ3、4、5点が与えられますが、誤っていれば、逆に減点されます。
　語知識スケールでは、1つひとつの単語をどれくらいよく知っているかを見ることができます。そして、学習者の語彙知識の変化を測定することができます。たとえば、読解教材に出てくる数

語を，読ませる前と後で，語彙知識スケールで測定してみましょう。ある語は読解前にはⅠの段階だったのが，読後にはⅡになっているかもしれません。ⅠからⅢに変化する語があるかもしれません。このような語知識の少しの変化を測定することができます。Wesche and Paribakht (1996) は，カナダの大学の夏期語学コースで英語を学んだ93名の学習者に2週間のプログラムの最初と最後で32語について語知識スケールで自己申告させました。最初Ⅰと回答した学習者の50％以上は，2回目もⅠと回答していることがわかりました。この研究は，語は1回くらい読んだだけではその語を見たという記憶にも残らないことを示唆しています。

　語知識スケールは，単語を使って文を作らせるなど時間がかかるので，多数の語をテストできません。同様に採点にも時間がかかるので，多くの学習者をテストするのには向いていません。また，5段階のスケールになっていて，1点刻みで得点が与えられますが，段階の違いが知識の深さの度合いを正しく反映しているのか疑問が残ります。

●語連想テスト (Read, 1993; 1998) 〈大学生〉

　John Read は，ある語から連想して挙げられる語のネットワークは，母語話者に共通することに着目し，そのことを語彙テストへ応用しようと考えました。単語をよく知っていることとは，母語話者がもつ語のネットワークに似たネットワークを構築していることと考えるわけです。Read (1993) は最初，語の連想を連合的 (paradigmatic)，統語的 (syntagmatic)，分析的 (analytic) の3つに分け，それぞれの連想を選択させる形式の語連想テストを作成しました。たとえば，edit という語が目標語ならば，連合的連想語は revise，統語的連想語は film や text，分析的連想語は publishing などになります。この形式ではすべての

語がこの3つの連想をもつわけではないこと，選択肢間の連想から目標語を知らなくても正答を選べることなどの理由で不都合があったため，現在は，以下の形容詞のみを目標語とし，連合的連想と統語的連想のみを選択させる形式に改訂されています (Read, 1998)。

broad

| full moving quiet wide | night river shoulders smile |

conscious

| awake healthy knowing laughing | face decision effort student |

convenient

| easy fresh near suitable | experience sound time vegetable |

curious

| helpful interested missing strange | accident child computer steel |

dense

| curious hot noisy thick | forest handle smoke weather |

distinct

| clear famous separate true | advantage meanings news parents |

dull

| cloudy loud nice secret | color knife place rock |

このように，新形式の語連想テストは，40の形容詞を目標語とし，その連想語を4つ選ばせるものです。目標語が枠の外にあり，それと連合的関係にある語を枠の左から1〜3語，統語的関係にある語を枠の右側から1〜3語選びます。最初の broad を例に取ると連合的連想語であるのは wide，統語的連想語は river, shoulders, smile になります。

　さらに，語連想テストは，語の意味だけでなく，その語から連想される語のネットワークの知識を問うているので，語知識の深さを測定しているテストと言えるでしょう。多義語の異なる語義での同義語は，それぞれの語義を知らなければ正解できません。統語関係にある語は，母語から推測できる部分もありますが，その言語特有なものもあります。その語が実際に使われる文脈で学習したのでなければ，培われないような知識と言えます。このような語の知識の深さを測定しようとしている点が，語連想テストの特徴です。単語をその訳と対にして覚えるような学習方法では，対処できない部分もあります。この点で，望ましい波及効果も期待できるでしょう。

　語連想テストは，語知識の深さを測定している点で，読解能力をよりよく予測できるという研究があります。Qian (1999; 2002) は，レベルズ・テストと語連想テストの得点と，TOEFL のリーディング部門の得点の相関を求めました。被験者はすべてレベルズ・テストで3000語（ワードファミリー換算）以上の語彙サイズをもつ大学生です。結果は，語連想テストの方がレベルズ・テストよりも TOEFL リーディング部門との相関が高いものでした。これは，ある程度まではサイズが重要であるが，それを越えると，語知識の深さが重要になってくるという Meara (1996) の主張を裏付けるものと言えます。

4 認知速度はどうテストするのか

　この章の最初で述べたように，応用言語学では単語認知の研究はほとんど進んでいません。語彙，心的辞書 (the mental lexicon) へのアクセスの研究がなされているのは，おもに心理学においてです。心理学では，語彙判断課題 (lexical decision task)，音読課題 (naming task)，探知課題 (monitoring task) などにより，被験者がどれくらい速く心的辞書にアクセスするかを測定しています。語彙判断課題とは，コンピュータ画面上に表示される語が実在のものかどうかを Yes, No のボタンを押して答えます。語が表示されてからボタンを押すまでの時間が反応時間として記録されます。音読課題も同様にコンピュータ画面上の文字列を音読する反応時間を測定します。探知課題は，コンピュータ画面上にさまざまな語が表示される中から指定された語が現れたときに反応する課題です。このような心理学の手法を応用言語学でも取り入れようとする試みがなされ始めています。先に紹介したスウォンジー大学応用言語学部語彙習得研究グループの The Lex Project は単語の認知速度を測定しようという試みです。

　The Lex Project は，B_Lex, D_Lex, L_Lex, M_Lex, Q_Lex という5つのテストからなります。このうち認知速度と関連するのは B_Lex と Q_Lex です。

　B_Lex は，心理学の音読課題を応用したものです。コンピュータ画面上に Doctor dies after illness のような2語から6語の短い新聞の見出しが表示されます。学習者はその見出しをできるだけ速く音読し，読み終わったら，ボタンを押します。このように50の見出しを音読していきます。見出しが表示されてからボタンを押すまでの時間が記録されます。結果は，英語母語話者

の平均音読速度を100%とし，それと比べたパーセントで表されます。音読の正確さは，結果に反映されません。

Q_Lex は，語彙判断課題を応用したものです。コンピュータ画面上に miwesseprofitot のような文字列が表示されます。学習者はこの中から高頻度語を見つけだします。見つけたらボタンを押します。文字列が表示されてからボタンを押すまでの時間が記録されます。次に profit, employ, bottom, manage という4語の画面に変わります。この中から見つけた語を選択します。このように文字列から単語を見つけ出す作業を50回繰り返します。結果は，英語母語話者の平均反応時間と正解率を100%とし，それと比べたパーセントで表されます。

B_Lex や Q_Lex のような課題が，単語の認知速度を測定するのに妥当なものであるかどうかはわかりません。この分野の研究は始まったばかりであり，これからに期待するところが大きいと言えます。

5 語彙テストはどう作成するのか

これまで見てきた語彙の測定方法は，学校現場ですぐ使えるものもあるでしょうし，そのまま使うのはむずかしいというものもあるでしょう。教師が測定したい語彙力を見る既成のテストがないのならば，自分で作成してしまうのもひとつの方法です。ここでは，授業で扱った語彙がどれほど定着しているかを見るなど到達度テストとして使える目標準拠テストの作成方法を見ていきます。

目標準拠テストは，criterion referenced test（CRT）と呼ばれ，定められた目標に到達しているかどうかを問うテストです。語彙のテストでは，たとえば，高校1年生で学習した語彙が400

語あるとします。そのうちのどれくらいを生徒が習得したかを知りたいときには，目標準拠テストでテストすることになります。

5-1 目標の設定

　目標準拠テストでは，目標の設定がもっとも大切になります。目標に到達したかどうかを見るテストですから，それが明確でなければ，テスト結果が何を反映しているのかわかりません。目標設定は，ある期間に学習した語彙の知識のどの部分をどう見たいかによります。高校1年生で学習した400語の語形と意味に関してならば，4つの目標が考えられます。

(1)単語の綴りを見て意味がわかればよい
(2)単語を聞いて意味がわかればよい
(3)日本語から英単語の綴りが書ければよい
(4)日本語から英単語を発音できればよい

　ここでは，(1)の「単語の綴りを見て意味がわかればよい」という目標に沿って話を進めましょう。

5-2 形式の決定

　目標が設定されたならば，テスト形式を考えます。次のような形式が考えられます。

(1)単語を単独で提示して意味を書かせる
(2)単語を単独で提示して意味を選ばせる
(3)単語を文脈内で提示して意味を書かせる

(4)単語を文脈内で提示して意味を選ばせる

　文脈がないと意味を特定できない，逆に文脈があると意味が推測できてしまうなど，どの形式にも一長一短があります。ここでは，(2)の形式を採用することにします。

　次はテストする語の抽出方法です。400語をすべてテストできれば，目標が到達できたかどうかに関して，もっとも信頼できるデータが得られます。しかし，テストの実施時間や採点を考えるとよい方法とは言えません。テストの実施・採点にかけられる時間を考慮して，実施可能な数を決定します。語を単独で提示して意味を選ばせる形式でテストするので，マークシートを利用すれば採点は短時間ですみます。400語のうち100語ならば，解答時間も30分ほどですむでしょう。このように考えて，100語を抽出することにします。

5-3　テスト項目の選定

　それでは400語の中からどのようにして100語を選んだらよいでしょうか。教師としては，生徒に覚えておいてほしい語，重要と思う語，勉強しておかないと正解できない語をテストしたくなります。しかし，それでは400語のうちどれくらいの語の意味がわかるのかがテスト結果に反映されません。テストする語を無作為に抽出して初めて，テスト結果は400語が習得されたかについての全体像を描き出すことができます。

　無作為に100語を抽出する方法はいろいろありますが，表計算ソフトの乱数関数を使うと簡単にできます。まず，目標となる400語のリストを作成して，エクセルの列に入力します。次に，乱数を挿入します。リストの最初の語の隣のセルにカーソルを移

動し，メニューバーの「挿入」から「関数」を選びます。RAND を選び，OK ボタンを押し，次のウインドウでも RAND は引数が必要ないので，そのまま OK を押します。

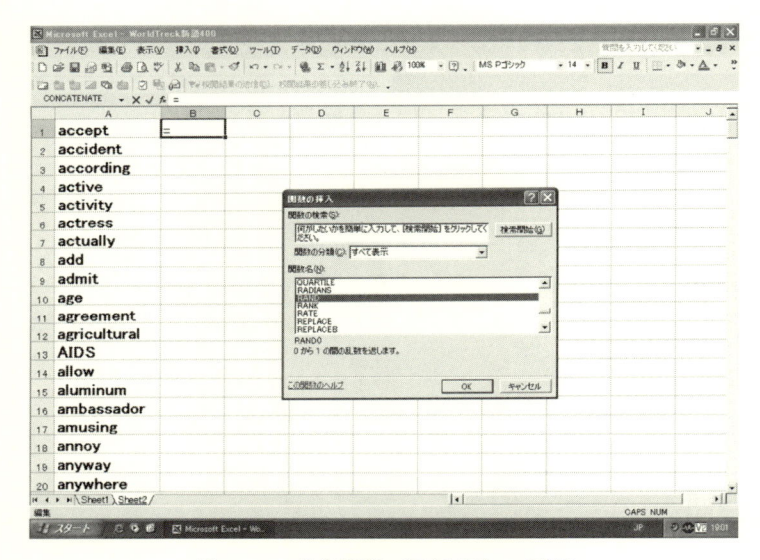

図 6-1　乱数関数 (RAND) の選択

　乱数が出てきます。出てきた値を選択したまま，400 語すべての隣のセルをマウスを左クリックしたまま選択します。メニューバーの「編集」から「フィル」を選び，さらに「下方向へコピー」を選びます。これですべてのセルに乱数が入ったことになります。ここで注意しなければならないことがあります。乱数関数は，エクセル上で作業をするたびに値を変化させます。変化しないようにする作業を行っておきます。乱数の列を選択し，コピーします。乱数の隣の列の最初のセルを選択し，マウスを右クリックします。「形式を選択して貼り付け」を選び，「貼り付け」

の中の「値」ボタンを選び，OK を押します。これで得られた乱数（列C）は変化しません。

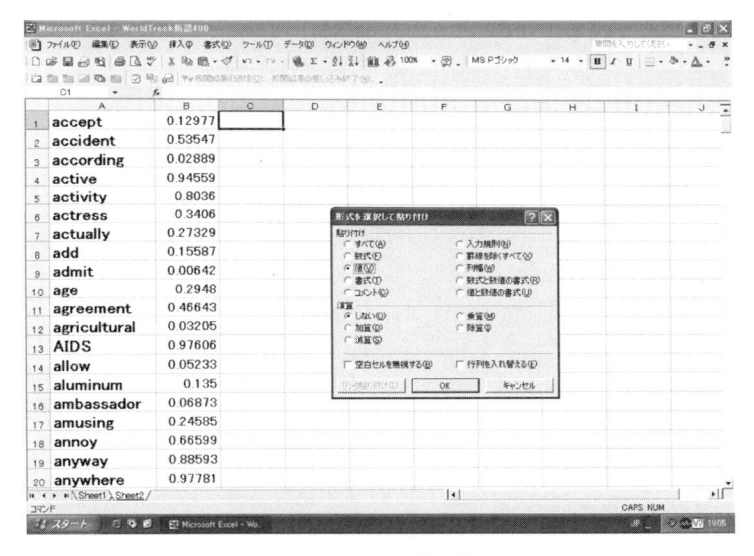

図6-2　値の貼り付け

　次に，400語と乱数の行を乱数の小さい順に並べ替えます。400語と乱数のすべての行を選択します。メニューバーの「データ」から「並べ替え」を選択します。「最優先される列」を乱数の列（ここでは列C）にし，「昇順」ボタンにして，OK を押します。400語が乱数値の小さい順に並べ替えられたことになります。上から順に100語を取れば，無作為に100語を抽出したことになります。

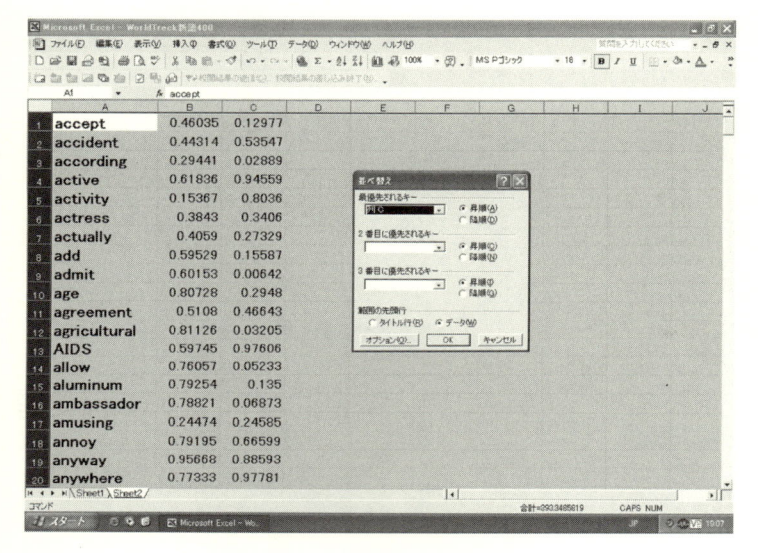

図6-3　乱数の並べ替え

5-4　目標語の提示

　この100語は単独で提示することに決めたので，どのような順番で提示するかを決定しなければなりません。アルファベット順で提示するならば，「データ」の「並べ替え」で簡単にできます。
　しかし，どのような語が定着しやすく，どのような語が定着していないかなど，その後の分析を考えると品詞ごとにまとめてから，アルファベット順で提示した方がよいでしょう。100語に名詞は1，動詞は2，形容詞3，副詞4，その他5と記号づけしていきます。その記号で並べ替えれば，品詞ごとにアルファベット順で提示することができます。

5-5　選択肢の作成

　この形式は，綴りを提示し，その意味を選ばせるものですから，正解となる「意味」以外の選択肢，錯乱肢を作成しなければなりません。錯乱肢の数も決定しなければなりません。4択が一般的ですが，3択でも5択でもかまいません。錯乱肢は，生徒の語の意味の理解を正確に測定するためには，正解と同じ品詞，同じ意味領域に属するものであることが望まれます。たとえば，bacteria「細菌」の錯乱肢には，「繁殖」「抗体」「感冒」などが考えられます。balloon「風船」では，「膨張」「飛行体」「浮揚」などです。

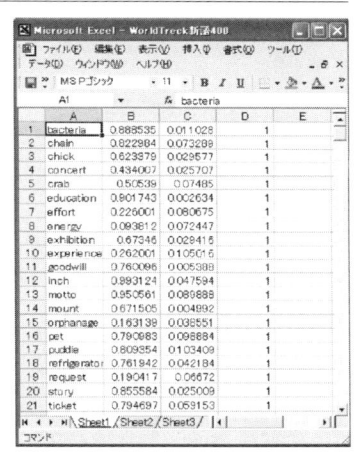

図6-4　品詞ごとの並べ替え

5-6　結果の解釈

　このようにして作成した100問の語彙テストを実施し，1題1点として採点し，次のような結果が得られたとします。この結果はどう解釈できるでしょうか。

	得点
生徒1	65
生徒2	87
生徒3	66

生徒4	59
生徒5	73
生徒6	90
生徒7	80
生徒8	67
生徒9	55
生徒10	48
生徒11	64
生徒12	73
………………	
生徒45	76
………………	
平均	72
標準偏差	12.7

　平均が72点ですから，全体として，100語のうちの72語の意味がわかっていると考えることができます。400語に換算すると288語の意味がわかることになります。どれだけできていれば，目標に到達したかは教師，学校が決定することになります。ひとつの目安は60％ですが，これにこだわる必要はありません。仮に6割を到達基準とするならば，全体では目標に到達しており，1年間の指導が受容的語彙知識に関して十分行われたと判断することができます。しかし，生徒4，9，10は目標に到達していません。このような生徒がなぜ目標に到達できなかったのかを考えること，さらに，それに対する措置を講ずることが必要になります。目標準拠テストを実施することの意義は，このように指導計画の評価，生徒の学習活動の評価，目標未到達者への手当てができるという点にあります。

この節では，目標準拠語彙テストの作成方法を紹介しましたが，テストには妥当性・信頼性の問題，さらにはテスト項目の良し悪しの問題があります。詳しくはテストに関する専門書を参照してください。

■英語語彙サイズテスト

　これは語学教育研究所紀要12号に掲載された論文，望月正道 (1998)「日本人英語学習者のための語彙サイズテスト」で発表された語彙サイズテストです。7,000語までの英語学習者の語彙サイズを推定することができます。vst 11, 21, 31, 41, 51, 61, 71 の最初の数字は，それぞれ1,000語レベル，2,000語レベル，3,000語レベル，4,000語レベル，5,000語レベル，6,000語レベル，7,000語レベルを表しています。

　7,000語レベルまで測定するには，テストすべてを行う必要がありますが，それより少ない語彙レベルを測定するには，高いレベルのテストは行う必要はありません。たとえば，中学1年生ならば，vst 11 のみを行い，1,000語までの語彙を推定することができます。学習者のレベルに応じて，必要なもののみをお使いください。

　語彙サイズを推定するには，得点を問題数で割り，測定したい語彙サイズの数を掛けてください。たとえば，4,000語までを測定したいならば，vst 11, 21, 31, 41 を実施し，学習者の得点を問題数120（30×4）で割り，4000を掛けます。ある学習者の得点が vst 11(27), 21(24), 31(15), 41(8) ならば，

$$(27+24+15+8)/120 \times 4{,}000 = 2{,}467$$

その学習者の語彙サイズは2,467語と推定することができます。

■語彙サイズ測定テスト　　　　　　　　vst 11

日本語の意味を表す英語を(1)〜(6)の中から選び，その番号を解答欄に書き入れなさい。

1．小麦粉を焼いた菓子　2．集まり，会
(1) birthday　(2) cookie　(3) fork　(4) party　(5) star　(6) sweater

3．玉ねぎ　　　　　　4．ぶどう
(1) grape　(2) lettuce　(3) onion　(4) pear　(5) rose　(6) tree

5．丸い入れ物　　　6．クッションのある長椅子
(1) bath　(2) lamp　(3) phone　(4) pot　(5) sofa　(6) stove

7．40　　　　　　　8．100
(1) forty　(2) hundred　(3) month　(4) six　(5) twelve　(6) year

9．町　　　　　　　10．橋
(1) bridge　(2) garage　(3) place　(4) scene　(5) square　(6) town

11．食事　　　　　　12．1つ，1個，1片
(1) air　(2) meal　(3) piece　(4) sign　(5) sound　(6) white

13．男の人　　　　　14．象
(1) change　(2) elephant　(3) man　(4) rabbit　(5) wolf　(6) woman

15．顔　　　　　　　16．手ぬぐい
(1) face　　(2) finger　　(3) hair　　(4) leg　　(5) shoe　　(6) towel

17．不可解なこと，不思議なこと　18．試験
(1) act　(2) butterfly　(3) exam　(4) mystery　(5) tennis　(6) trouble

19．点，地点　　　　20．太陽
(1) dam　　(2) magazine　　(3) pajamas　　(4) point　　(5) sun　　(6) war

21．持っている　　　　22．しなければならない
(1) do　　(2) get　　(3) give　　(4) have　　(5) must　　(6) raise

23．聞く　　　　　　24．続ける
(1) add　(2) continue　(3) die　(4) listen　(5) mean　(6) understand

25．すてきな，すばらしい　26．大きい
(1) cool　　(2) hot　　(3) large　　(4) least　　(5) nice　　(6) quiet

27．偉大な，りっぱな　28．早く
(1) complete　(2) early　(3) great　(4) most　(5) never　(6) usually

29．彼女のもの　　　　30．私の
(1) below　　(2) hers　　(3) my　　(4) past　　(5) which　　(6) whom

■語彙サイズ測定テスト   vst 21

日本語の意味を表す英語を(1)〜(6)の中から選び，その番号を解答欄に書き入れなさい。

1．旗　　　　　　　2．丸く大きい緑色野菜
(1) cabbage　(2) campus　(3) flag　(4) railway　(5) tin　(6) tournament

3．賞与　　　　　　4．盤上で白黒の駒を動かして，勝敗を競うゲーム
(1) attention　(2) bonus　(3) chess　(4) hook　(5) pride　(6) union

5．限界，制限　　　6．指導員，指導・助言を与える人
(1) bottom　(2) coach　(3) flight　(4) limit　(5) proof　(6) quantity

7．通路，通行　　　8．意見，眺め
(1) climate　(2) factory　(3) law　(4) link　(5) passage　(6) view

9．勝利　　　　　　10．力，強さ
(1) district　(2) fault　(3) quarter　(4) storm　(5) strength　(6) victory

11．洪水　　　　　　12．設備，備品
(1) account　(2) courage　(3) equipment　(4) factor　(5) flood　(6) lack

13．しつけ，鍛練　　14．海岸
(1) benefit　(2) coast　(3) discipline　(4) division　(5) soap　(6) truth

15. 修理する，修繕する　16. 接吻(せっぷん)する，口づけする
(1) advise　(2) establish　(3) kiss　(4) repair　(5) request　(6) settle

17. 発見する，見つけ出す　18. 救う，救出する
(1) attract　(2) discover　(3) observe　(4) pour　(5) recognize　(6) save

19. 直す，繕う(つくろう)　20. 含む
(1) contain　(2) defend　(3) delay　(4) mend　(5) occur　(6) trace

21. 憎む　　　　　　　　22. つかみ取る，奪う
(1) appoint　(2) forgive　(3) hate　(4) pray　(5) seize　(6) spread

23. 余分な　　　　　　　24. 自動的な，自動の
(1) automatic　(2) extra　(3) honest　(4) legal　(5) sharp　(6) smooth

25. 費用のかかる，高価な　26. 簡単な，単純な
(1) awake　(2) exact　(3) expensive　(4) loud　(5) patient　(6) simple

27. 好奇心の強い　　　　28. 生の(なまの)，加工していない
(1) curious　(2) equal　(3) independent　(4) raw　(5) social　(6) steady

29. 分かれた，分離した　30. 緊急の，差し迫った
(1) bright　(2) frequent　(3) initial　(4) safe　(5) separate　(6) urgent

■語彙サイズ測定テスト　　　　　vst 31

日本語の意味を表す英語を(1)〜(6)の中から選び、その番号を解答欄に書き入れなさい。

　　1．巻き毛　　　　　2．肉，肉体
(1) beach　(2) curl　(3) economy　(4) flesh　(5) glory　(6) worker

　　3．警察　　　　　　4．重さの単位
(1) baggage　(2) circuit　(3) fool　(4) poet　(5) police　(6) ton

　　5．旅行者　　　　　6．運動
(1) access　(2) bounce　(3) campaign　(4) sunshine　(5) tourist　(6) wound

　　7．豆　　　　　　　8．天火（調理器具）
(1) bean　(2) fisherman　(3) ceiling　(4) margin　(5) oven　(6) ray

　　9．船　　　　　　　10．かすみ，もや
(1) barn　(2) existence　(3) heap　(4) manufacturer　(5) mist　(6) vessel

　　11．儀式　　　　　　12．緊急事態
(1) apparatus　(2) boundary　(3) ceremony　(4) emergency　(5) horizon　(6) sympathy

　　13．民主主義　　　　14．是認，賛成
(1) approval　(2) contract　(3) democracy　(4) institution　(5) recall　(6) wheat

15. 心理学　　　　　　　16. 説明
(1) billion　(2) bundle　(3) explanation　(4) flavor　(5) lightning　(6) psychology

17. 食事をする　　　　　18. 切り倒す
(1) admit　(2) deny　(3) dine　(4) fell　(5) inquire　(6) rescue

19. 改定する　　　　　　20. 腐る，朽ちる
(1) decay　(2) distribute　(3) fasten　(4) fold　(5) isolate　(6) revise

21. 投資する　　　　　　22. しきりに勧める
(1) admire　(2) cease　(3) celebrate　(4) construct　(5) invest　(6) urge

23. 気がついて　　　　　24. まっすぐに立っている
(1) absent　(2) aware　(3) central　(4) drunk　(5) historical　(6) upright

25. 等しい，全く同様の　26. 毎年の，年間の
(1) annual　(2) constant　(3) deaf　(4) identical　(5) modest　(6) recent

27. 可能性のある　　　　28. 機械の，機械的な
(1) confident　(2) mechanical　(3) odd　(4) potential　(5) splendid　(6) unusual

29. 実際に　　　　　　　30. とにかく
(1) actually　(2) anyhow　(3) completely　(4) indeed　(5) somewhere　(6) whenever

■語彙サイズ測定テスト　　　　　vst 41

日本語の意味を表す英語を(1)〜(6)の中から選び，その番号を解答欄に書き入れなさい。

```
    1．顕微鏡          2．望遠鏡
```
(1) cube　(2) kilometer　(3) license　(4) microscope　(5) studio　(6) telescope

```
    3．化学者          4．消費者
```
(1) chemist　(2) consumer　(3) emperor　(4) membership　(5) sergeant　(6) sovereign

```
    5．交響曲          6．美術館
```
(1) charity　(2) distribution　(3) faculty　(4) gallery　(5) session　(6) symphony

```
    7．認めること，承認　  8．祝宴，宴会
```
(1) admission　(2) bull　(3) feast　(4) geometry　(5) hedge　(6) succession

```
    9．つけ値，入札     10．小さな包み
```
(1) bid　(2) certificate　(3) evolution　(4) lane　(5) packet　(6) poll

```
   11．赤道           12．手がかり
```
(1) bullet　(2) clue　(3) equator　(4) facility　(5) lap　(6) opponent

```
   13．船            14．部分，一部
```
(1) cereal　(2) craft　(3) deposit　(4) pastry　(5) portion　(6) registration

15．移行，移り変わり　　16．群れ
(1) complaint　(2) cone　(3) flock　(4) leadership　(5) temptation　(6) transition

17．どんと突き当てる　　18．広くする
(1) bump　(2) confront　(3) graduate　(4) promote　(5) scan　(6) widen

19．促す，刺激する　　20．弁解する，嘆願する
(1) arouse　(2) clash　(3) invade　(4) plead　(5) prompt　(6) soak

21．仲直りさせる　　22．じゃまする，妨げる
(1) conclude　(2) hinder　(3) murmur　(4) reconcile　(5) stagger　(6) weave

23．購入する，買う　　24．再び始める
(1) alternate　(2) collapse　(3) fetch　(4) pat　(5) purchase　(6) resume

25．論理的な　　26．中立の
(1) dense　(2) logical　(3) neutral　(4) partial　(5) residential　(6) spiritual

27．単数の　　28．ことばの，言語の
(1) administrative　(2) atomic　(3) concrete　(4) frank　(5) linguistic　(6) singular

29．ただ…だけ，単に　　30．徐々に
(1) gradually　(2) nearby　(3) necessarily　(4) occasionally　(5) solely　(6) technically

■語彙サイズ測定テスト　　　　　vst 51

日本語の意味を表す英語を(1)〜(6)の中から選び，その番号を解答欄に書き入れなさい。

　　1．大工　　　　　　2．姪（めい）
(1) brow　(2) carpenter　(3) closet　(4) eyelid　(5) niece　(6) tailor

　　3．酒類　　　　　　4．仲間意識，連帯感
(1) consciousness　(2) fellowship　(3) liquor　(4) observer　(5) saucer　(6) vitality

　　5．石油　　　　　　6．愚かさ
(1) capability　(2) continuity　(3) illusion　(4) petroleum　(5) resident　(6) stupidity

　　7．訂正　　　　　　8．注射
(1) correction　(2) disposition　(3) heir　(4) injection　(5) moss　(6) recollection

　　9．有機体　　　　　10．身分証明になるもの
(1) accumulation　(2) equality　(3) heritage　(4) identification　(5) organism　(6) pulse

　　11．優れていること　12．群れ
(1) excellence　(2) furnace　(3) kidney　(4) nap　(5) swarm　(6) thermometer

　　13．（犬や猫の）手　14．類似
(1) anniversary　(2) biography　(3) paw　(4) postage　(5) resemblance　(6) simplicity

15．検査官，監査人　　16．融合，統合
(1) armor　(2) brim　(3) inspector　(4) integration　(5) psychiatry　(6) supplement

17．いたずら，わるさ　　18．回復すること，復旧
(1) claw　(2) collision　(3) courtesy　(4) epoch　(5) mischief　(6) restoration

19．ぐるぐる巻く，渦巻く　　20．追い払う，撃退する
(1) blink　(2) chuckle　(3) heighten　(4) repel　(5) sob　(6) whirl

21．歩きまわる，ぶらつく　　22．絞る
(1) coincide　(2) insulate　(3) marvel　(4) overwhelm　(5) roam　(6) wring

23．優雅な，しとやかな　　24．憲法の，合憲の
(1) constitutional　(2) emphatic　(3) graceful　(4) monotonous　(5) wasteful　(6) yearly

25．遺伝子の，遺伝学的な　　26．半狂乱となった，血迷った
(1) adjective　(2) collective　(3) considerate　(4) eloquent　(5) frantic　(6) genetic

27．財政上の，会計の　　28．死ぬことになっている，死を免れない
(1) fiscal　(2) mortal　(3) productive　(4) republican　(5) sunny　(6) underground

29．統計的な，統計上の　　30．もうけになる，有利な
(1) agreeable　(2) clinical　(3) honorable　(4) profitable　(5) prospective　(6) statistical

■語彙サイズ測定テスト　　　vst 61

日本語の意味を表す英語を(1)〜(6)の中から選び、その番号を解答欄に書き入れなさい。

　　1．おんどり　　　　2．様々な色の石やガラスの小片を組み合わせた模様
(1) cock　(2) documentary　(3) hose　(4) mosaic　(5) oyster　(6) seller

　　3．競争，対抗　　　　4．電子レンジ
(1) auction　(2) aura　(3) chord　(4) container　(5) microwave　(6) rivalry

　　5．遺伝　　　　6．精密な検査
(1) flexibility　(2) heredity　(3) presidency　(4) scrutiny　(5) specialty　(6) testimony

　　7．熟慮，審議　　　　8．密集，混雑
(1) agitation　(2) congestion　(3) deliberation　(4) fracture　(5) intersection　(6) lapse

　　9．演繹，控除　　　　10．関連，適切さ
(1) deduction　(2) dwarf　(3) limestone　(4) plague　(5) plank　(6) relevance

　　11．肺炎　　　　12．まひ，中風
(1) clan　(2) granite　(3) paralysis　(4) pneumonia　(5) rouge　(6) sabotage

　　13．研究員　　　　14．貯水池，貯水ダム
(1) crab　(2) foreman　(3) motto　(4) researcher　(5) reservoir　(6) trout

15．かたわらへよける　　16．深くする，濃くする
(1) deepen　(2) dissatisfy　(3) imprint　(4) pinpoint　(5) shuffle　(6) sidestep

17．包む，覆う　　　　18．（水などを）どっと流す
(1) dodge　(2) envelop　(3) flop　(4) flush　(5) perch　(6) sip

19．憤慨させる，怒らせる　　20．まごつかせる，うろたえさせる
(1) bewilder　(2) dangle　(3) flicker　(4) gush　(5) inflame　(6) launder

21．混乱させる，分裂させる　　22．起訴する，告発させる
(1) brood　(2) clog　(3) disrupt　(4) distrust　(5) prosecute　(6) wade

23．火山の，火山性の　　24．協会の，制度上の
(1) imaginative　(2) incapable　(3) institutional　(4) responsive　(5) selective　(6) volcanic

25．陶器の　　　　　　26．無効の，～を欠いている
(1) affirmative　(2) ceramic　(3) intolerable　(4) narcotic　(5) psychiatric　(6) void

27．潮の　　　　　　　28．弱い，衰弱した
(1) feeble　(2) frontal　(3) literal　(4) surgical　(5) tidal　(6) tribal

29．経済的に，節約して　　30．根本的に，本質的に
(1) aptly　(2) economically　(3) fundamentally　(4) genuinely　(5) immensely　(6) radically

■語彙サイズ測定テスト　　　　　vst 71

日本語の意味を表す英語を(1)〜(6)の中から選び，その番号を解答欄に書き入れなさい。

....

　　1．遺伝学者　　　　　2．天文学者
(1) astronomer　(2) censor　(3) entrepreneur　(4) geneticist　(5) plotter　(6) rescuer
....
　　3．大昔，古代，古さ　　4．誤った管理，不始末
(1) antiquity　(2) cholesterol　(3) daisy　(4) mismanagement　(5) paradox　(6) toughness
....
　　5．怠慢，不注意　　　　6．階級組織，階級制度
(1) breakthrough　(2) hierarchy　(3) landmark　(4) liaison　(5) maxim　(6) negligence
....
　　7．施行，執行　　　　　8．儀礼，典礼
(1) anesthesia　(2) bait　(3) enforcement　(4) pretext　(5) propensity　(6) protocol
....
　　9．公的な命令，指令　　10．性質，気質
(1) affiliation　(2) deprivation　(3) disposition　(4) injunction　(5) recession　(6) remission
....
　　11．ポプラの一種の樹木　12．たか
(1) adage　(2) aspen　(3) cub　(4) flair　(5) hawk　(6) tract
....
　　13．石切り場，採石場　　14．雪崩（なだれ）
(1) advent　(2) avalanche　(3) epic　(4) myriad　(5) periphery　(6) quarry
....

15．色，色合い　　　　16．がらくた，くず物
(1) cadence　(2) composure　(3) hue　(4) influx　(5) junk　(6) quirk

17．幻覚　　　　　　　18．敵，反対者
(1) adversary　(2) chronicle　(3) exploitation　(4) hallucination　(5) pesticide　(6) retrospect

19．避ける，防ぐ　　　20．だんだん小さくなる
(1) avert　(2) bestow　(3) dwindle　(4) embody　(5) profess　(6) subsidize

21．好奇心をそそる　　22．混乱させる，ろうばいさせる
(1) advocate　(2) confound　(3) galvanize　(4) intrigue　(5) manipulate　(6) wither

23．すり切らす，ほぐれさせる　24．突く，刺す
(1) abate　(2) augment　(3) baffle　(4) fray　(5) laud　(6) prod

25．思慮深い，巧妙な　26．〜次元の
(1) dimensional　(2) equitable　(3) impervious　(4) lethal　(5) politic　(6) regal

27．巨大な,非常に大きい　28．気の合う，適した
(1) colossal　(2) congenial　(3) elusive　(4) implausible　(5) implicit　(6) pathological

29．軽薄な，容易な　　30．風変わりな，奇妙な
(1) analogous　(2) cumulative　(3) eccentric　(4) facile　(5) prone　(6) synthetic

解答欄

1	2	3	4	5	6
7	8	9	10	11	12
13	14	15	16	17	18
19	20	21	22	23	24
25	26	27	28	29	30

クラス （　　）　　番号（　　）　　氏名（　　　　　）

■参考資料 (p.108)

Lesson 3 George Lucas

Section 1

"A long time ago in a galaxy far, far away..." Have you ever heard those words? They mark the beginning of the *Star Wars* movies. These exciting space fantasies were made by George Lucas. He says an event early in his life was the starting point for his success.

Three days before his high school graduation, he had a traffic accident. It almost killed him. "Before that experience I wasn't really a very good student. I didn't work hard at all," he says. "I had a terrible car accident and was lucky I didn't die. Because of that I thought there must be some purpose for me to be here and I'd better find it."

Section 2

Soon after he entered university, Lucas discovered that his true vocation was to make films. At the University of Southern California Film School he won first prize at the National Student Film Festival. After graduating, however, life was tough. He wrote screenplays, but had to take part-time work as a cameraman to make ends meet.

Movie companies turned down all of his screenplays. He had to borrow money from his parents and his friends in order to make his next movie. He later said, "Nobody thought I would be able to pay the money back." In 1973, he finally completed the film that no movie companies wanted: *American Graffiti*. It has become one of the most successful films ever made in the U. S. A.

Section 3

Lucas had the *Star Wars* project in mind even before he started making *American Graffiti*. His dream was to bring space into young people's imaginations. He felt that young people no longer had a fantasy life.

At that time in Hollywood — more than twenty years ago — executives were not interested in science fiction. Finally, a major company agreed to produce the film Lucas wanted to make. *Star Wars* required many SFX, but Lucas did not receive as much money as he wanted. Time was also short. He faced many difficulties until the movie came out.

Section 4

This film — *Star Wars Episode IV: A New Hope* (1977) — was a surprising success. Lucas went on to produce two more episodes: *Episode V: The Empire Strikes Back* (1980) and *Episode VI: Return of the Jedi* (1983). Lucas was world-famous before reaching his thirty-fifth birthday. The world had to wait many years for the episode that would explain how the story began.

Finally, in 1999 *Episode I: The Phantom Menace* came out. "I took a long time to write the screenplay for *Episode I*," Lucas explained. "I had to develop an entire world." Lucas says, "My life is making movies. I like storytelling, and I've got a lot of stories in my head. I hope to get them all out before my time is up." His life's work is certainly not yet completed.

Lesson 4   Proud Panther

Section 1

It isn't 8:00 a.m. yet, but Finda has already been walking for three hours. She is on her way to school nine kilometers from her home in Kindia, Guinea. The road is slippery and rocky, and the rain turns her path into mud. The walk is tough, but at school today Finda is happy because she meets her best friend. Recently, this friend returned to school. She has been missing many of her classes because her family needed her help at home and so she had trouble getting to school.

Section 2

In the evening, Finda returns home along the same long road. She says that the branches along the way "look like witches' hands" and make her afraid. She is always happy to see the first of the village huts. She sees her father, and he comes to meet her with a light. As usual, he has been waiting at the edge of the village for her to arrive.

Section 3

Her father, Papa Tolno, is a proud man. Now he is a rice farmer. When he was young, he fought in the Algerian War and had many experiences. He had been living in a village with no schools. He had wanted to study, but never had the chance. He wants Finda to do better. He says that education is a passport to discovery. If she does not study, he says, she will spend her life like a "wounded panther."

Section 4

Finda's father knows the road is dangerous and he is afraid for her safety. He also knows his wife disapproves. She and Finda's father discussed Finda's future. She had wanted Finda to stay at home and help with the housework that is the traditional way for girls to grow up. Finda's mother had also worried about the cost of her sandals, school uniform, notebooks and pencils. Papa Tolno spoke strongly in favor of school for Finda, but he didn't get angry with his wife. He realizes that her view is not uncommon in the village.

Finda respects her father and she has been studying hard. She understands that to gain a good education is a big challenge — in this country boys have always had more opportunities than girls. But education can open doors to a wider world. So tomorrow, Finda will again leave the village at dawn. She will think of her father's words about the "wounded panther." Those words will help her to find the courage to follow the long road to knowledge.

参考文献

Aitchison, J. (2003). *Words in the Mind: An Introduction to the Mental Lexicon*. (3rd ed.) Oxford: Blackwell.

Aizawa, K. (1998). Developing a vocabulary size test for Japanese EFL learners. *ARELE*, 9, 75-85.

Aizawa, K. (1999). *A Study of incidental vocabulary learning through reading by Japanese EFL learners*. Unpublished PhD Dissertation. Tokyo Gakugei University.

Aizawa, K. (2002). The effect of electronic vs. paper dictionaries on text comprehension and incidental vocabulary learning through reading. Paper presented at AILA 2002, Dec. 19, Singapore.

Aizawa, K., Mochizuki, M. and Meara, P. (2001). Intuition of word frequency: What does it tell us about vocabulary knowledge? *Research Reports of The Faculty of Engineering. Tokyo Denki University*, 20, 75-82.

Anderson, R. and Freebody, P. (1993). Reading comprehension and assessment and acquisition of word knowledge. *Advances in Reading/Language Research*, 2, 231-256.

Bahrick, H. (1984). Semantic memory content in permastore: Fifty years of memory for Spanish learned in school. *Journal of Experimental Psychology: General*, 113, 1-37.

Barrow, J., Nakanishi, Y. and Ishino, H. (1999). Assessing

Japanese college students' vocabulary. *System*, 27, 223-247.

Bauer, L. and Nation I.S.P. (1993). Word families. *International Journal of Lexicography*, 6, 253-279.

Biber, D., Conrad, S. and Reppen, R. (1998). *Corpus Linguistics*. Cambridge: Cambridge University Press.

Brown, C. (1993). Factors affecting the acquisition of vocabulary: Frequency and saliency of words. In T. Huckin, M. Haynes and J. Coady (eds.), *Second Language Reading and Vocabulary Learning*. Norwood, NJ: Ablex, 263-286.

Carter, R. (1998). *Vocabulary: Applied Linguistic Perspective* (2nd ed.) London: Routledge.

Coady J., Magoto, J., Hubbard, P., Graney, J. and Mokhtari, K. (1993). High frequency vocabulary and reading proficiency in ESL readers. In T. Huckin, M. Haynes and J. Coady (eds.), *Second Language Reading and Vocabulary Learning*. Norwood, NJ: Ablex, 217-226.

Coxhead, A. (2000). A new academic word list. *TESOL Quarterly*, 34, 213-238.

Ellis, N. (1994). Vocabulary acquisition: Psychological perspectives and pedagogical implications. In N. Ellis (ed.), *Implicit and Explicit Learning of Language*. London: Academic Press, 211-282.

Ellis, N. (1997). Vocabulary acquisition: word structure, collocation, word-class, and meaning. In N. Schmitt and M. McCarthy (eds), *Vocabulary: Description Acquisition and Pedagogy*. Cambridge: Cambridge University Press, 122 -139.

Ellis, N. and Beaton, A. (1993). Psycholinguistic determinants of foreign language vocabulary learning. *Language Learning*, 43, 559-617.

Fan, M. (2000). How big is the gap and how to narrow it? An Investigation into the active and passive vocabulary knowledge of L2 learners. *RELC Journal*, 31, 105-119.

Fitzpatrick, T. (2002). Why is it so difficult to test productive vocabulary? Paper presented at Second Language Vocabulary Acquisition Colloquium (EUROSLA), Leiden University, March 16, 2002.

Goulden, R., Nation, P. and Read, J. (1990). How large can a receptive vocabulary be? *Applied Linguistics*, 11, 341-363.

Granger, S. (ed.) (1998). *Learner English on Computer*. London and New York: Addison Wesley Longman.

Harley, B. (1995). Introduction: The lexicon in second language research. In B. Harley (ed.), *Lexical Issues in Language Learning*. Amsterdam: John Benjamins, 1-28.

Hatch, E. and Brown, C. (1995). *Vocabulary, Semantics, and Language Education*. Cambridge: Cambridge University Press.

Henriksen, B. (1999). Three dimensions of vocabulary development. *Studies in Second Language Acquisition*, 21, 303-317.

Hill, L. A. (1982). *Word Power 1500, 3000, 4500*. Oxford: Oxford University Press.

Hulstijn, J. (1992). Retention of inferred and given word meanings: Experiments in incidental vocabulary learning. In P. Arnaud and H. Béjoint (eds.), *Vocabulary and Applied Linguistics*. London: Macmillan. 113-125.

Hulstijn, J. (1997). Mnemonic methods in foreign language

vocabulary learning: Theoretical considerations and pedagogical implications. In J. Coady and T. Huckin (eds.), *Second Language Vocabulary Acquisition*. Cambridge: Cambridge University Press, 203-224.

Hultijn, J. (2001). Intentional and incidental second-language vocabulary learning: A reappraisal of elaboration, rehearsal and automaticity. In P. Robinson (ed.), *Cognition and Second Language Instruction*. Cambridge: Cambridge University Press, 258-286

Kennedy, G. (1998). *Introduction to Corpus Linguistics*. Harlow: Longman

Krashen, S. (1989). We acquire vocabulary and spelling by reading: Additional evidence for the input hypothesis. *Modern Language Journal*, 73, 440-464.

Kučera, H. and Francis, W.N. (1967). *A Computational Analysis of Present-day American English*. Providence, Rhode Island: Brown University Press.

Laufer, B. (1990). Why are some words more difficult than others? *International Review of Applied Linguistics*, 28, 293-307.

Laufer, B. (1992a). Reading in a foreign language: how does L2 lexical knowledge interact with the reader's general academic ability? *Journal of Research in Reading*, 15, 95-103.

Laufer, B. (1992b). How much lexis is necessary for reading comprehension? In P. Arnaud and H. Béjoint (eds.), *Vocabulary and Applied Linguistics*. London: Macmillan, 126-132.

Laufer, B. (1997a). What's in a word that makes it hard or

easy: Some intralexical factors that affect the learning of words. In N. Schmitt and M. McCarthy (eds.), *Vocabulary: Description, Acquisition and Pedagogy*. Cambridge: Cambridge University Press, 140-155.

Laufer, B. (1997b). The lexical plight in second language reading: Words you don't know, words you think you know, and words you can't guess. In J. Coady and T. Huckin (eds.), *Second Language Vocabulary Acquisition*. Cambridge: Cambridge University Press, 20-34.

Laufer, B. (1998). The development of passive and active vocabulary: Same or different? *Applied Linguistics*, 19, 255-271.

Laufer, B. and Nation, P. (1995). Vocabulary size and use: Lexical richness in L2 written production. *Applied Linguistics*, 16, 307-322.

Laufer, B. and Nation, P. (1999). A vocabulary-size test of controlled productive ability. *Language Testing*, 16, 33-51.

McCarthy, M., and O'Dell, F. (1994). *English Vocabulary in Use*. Cambridge: Cambridge University Press.

McEnery, T. and Wilson, A. (2001). *Corpus Linguistics*. Edinburgh: Edinburgh University Press.

Meara, P. (1990). A note on passive vocabulary. *Second Language Research, 6*, 150-154.

Meara, P. (1992). *EFL Vocabulary Tests*. Centre for Applied Language Studies, University College Swansea.

Meara, P. (1996). The dimension of lexical competence. In G. Brown, K. Malmkjær and J. Williams (eds.), *Performance and Competence in Second Language Acquisition*. Cambridge: Cambridge University Press, 35-53

Meara, P. and Buxton, B. (1987). An alternative to multiple choice vocabulary tests. *Language Testing*, 4, 142-151.

Meara, P. and Fitzpatrick, T. (2000). Lex 30: an improved method of assessing productive vocabulary in an L2. *System*, 28, 19-30.

Melka, F. (1997). Receptive vs. productive aspects of vocabulary. In N. Schmitt and M. McCarthy (eds.), *Vocabulary: Description, Acquisition and Pedagogy*. Cambridge: Cambridge University Press, 84-102.

Miller, K. (1970). Free-association responses of English and Australian students to 100 words from the Kent-Rosanoff word association test. In L. Postman and G. Keppel (eds.), *Norms of Word Association*. New York: Academic Press, 39-52.

Mochizuki, M. (2002). Exploration of two aspects of vocabulary knowledge: paradigmatic and collocational. *ARELE*, 13, 121-129.

Mochizuki, M. and Aizawa, K. (2000). An affix acquisition order for EFL learners: An exploratory study. *System*, 28, 291-304.

Mochizuki, M. and Aizawa, K. (2001). A validity study of the vocabulary size test of controlled productive ability. *Reitaku University Journal*, 73, 85-102.

Moon, R. (1997). Vocabulary connections: multi-word items in English. In N. Schmitt, and M. McCarthy, (eds.) *Vocabulary: Description, Acquisition and Pedagogy*. Cambridge: Cambridge University Press, 40-63.

Nagy, W. (1997). On the role of context in first- and second-language vocabulary learning. In N. Schmitt and M. McCarthy (eds.), *Vocabulary: Description, Acquisition and Pedagogy*. Cambridge: Cambridge University Press, 64-83.

Nagy, W. and Anderson, R. (1984). How many words are there in printed school English? *Reading Research Quarterly*, 30, 304-330.

Nation, I.S.P. (1990). *Teaching and Learning Vocabulary*. Boston, MA: Heinle & Heinle.

Nation, I.S.P. (1993). Using dictionaries to estimate vocabulary size: essential, but rarely followed, procedures. *Language Testing*, 10, 27-40.

Nation, I.S.P. (2001). *Learning Vocabulary in Another Language*. Cambridge: Cambridge University Press.

Oxford, R. and Scarcella, R. (1994). Second language vocabulary learning among adults: State of the art in vocabulary instruction. *System*, 22, 231-243.

Palmer, H. (1931). *Second Interim Report on Vocabulary Selection*. Tokyo: The Institute for Research in English Teaching.

Paribakht, T. and Wesche, M. (1993). The relationship between reading comprehension and second language development in a comprehension-based ESL program. *TESL Canada Journal*, 11, 9-29.

Paribakht, T. and Wesche, M. (1997). Vocabulary enhancement activities and reading for meaning in second language vocabulary acquisition. In J. Coady and T. Huckin (eds.), *Second Language Vocabulary Acquisition*. Cambridge: Cambridge University Press, 174-200.

Qian, D. (1999). Assessing the roles of depth and breadth of vocabulary knowledge in reading comprehension. *Canadian Modern Language Review*, 56, 282-307.

Qian, D. (2002). Investigating the relationship between vocabulary knowledge and academic reading performance: an assessment perspective. *Language Learning*, 52, 513-536.

Read, J. (1993). The development of a new measure of L2 vocabulary knowledge. *Language Testing*, 10, 355-371.

Read, J. (1998). Validating a test to measure depth of vocabulary knowledge. In A. Kunnan, (ed.), *Validation in Language Assessment*. Mahwah, NJ: Lawrence Erlbaum Associates, 41-60.

Read, J. (2000). *Assessing Vocabulary*. Cambridge: Cambridge University Press.

Rott, S. (1999). The effect of exposure frequency on intermediate language learners' incidental vocabulary acquisition and retention through reading. *Studies of Second Language Acquisition*, 21, 589-619.

Rudzka, B., Channell, J., Putseys, Y. and Ostyn, P. (1981). *The Words You Need*. London: Macmillan.

Saragi, T., Nation, I.S.P. and Meister, G. (1978). Vocabulary learning and reading, *System*, 6, 72-78.

Schmitt, N. (1998). Measuring collocational knowledge: key issues and an experimental assessment procedure. *I.T.L.* 119-120, 27-47.

Schmitt, N. (2000). *Vocabulary in Language Teaching*. Cambridge: Cambridge University Press.

Schmitt, N. and Dunham, B. (1999). Exploring native and non-native intuitions of word frequency. *Second Language Research*, 15, 389-411.

Schmitt, N. and McCarthy, M. (eds.) (1997). *Vocabulary: Description, Acquisition and Pedagogy*. Cambridge: Cambridge University Press.

Schmitt, N. and Meara, P. (1997). Researching vocabulary through a word knowledge framework: Word associations and verbal suffixes. *Studies in Second Language Acquisition*, 19, 17-36.

Shimamoto, T. (2001). An analysis of receptive vocabulary knowledge: depth versus breadth. *JABAET Journal*, 4, 69-80.

Thorndike, E. and Lorge, I. (1944). *The Teacher's Wordbook of 30,000 Words*. New York: Columbia University Teacher's College.

Tinkham, T. (1993). The effect of semantic clustering on the learning of second Language vocabulary. *System*, 21, 371-380.

Tono, Y. (2000). A computer learner corpus-based analysis of the acquisition order of the English grammatical morphemes. In L. Burnard and T. McEnery (eds.), *Rethinking Language Pedagogy from a Corpus Perspective*. Peter Lang GmbH, Frankfurt am Main, 123-132.

Tono, Y. (2002). *The Role of Learner Corpora in SLA Research and Foreign Language Teaching: the Multiple Comparison Approach*. Unpublished PhD dissertation. Lancaster University.

Waring, R. (1998). Receptive and productive foreign language vocabulary size II. Unpublished manuscript. Available at http://www1.harenet.ne.jp/~waring/vocabindex.html

Wesche, M. and Paribakht, T. S. (1996). Assessing second language vocabulary knowledge. *Canadian Modern Language Review*, 53, 13-40.

West, M. (1953). *A General Service List of English Words*. London: Longmans, Green and Co.

Zahar, R., Cobb, T. and Spada, N. (2001). Acquiring vocabulary through reading: Effects of frequency and contextual richness. *Canadian Modern Language Review*, 57, 541-572.

Zechmeister, E.B., D'Anna, C.A., Hall, J.W., Paus, C.H. and Smith, J.A. (1993). Metacognitive and other knowledge about the mental lexicon: do we know how may words we know? *Applied Linguistics*, 14, 188-206.

安藤貞雄．(1986)．『英語の論理・日本語の論理』．大修館書店．

伊藤嘉一他．(2001)．「マスメディアの外来語分析―伊藤(1993)と比較して」『外国語教育研究』第4号，1-9．

梅田修．(1983)．『英語の語彙事典』．大修館書店．

奥津文夫（編）．(2002)．『日英比較英単語発想辞典』．三修社．

齋藤俊雄・赤野一郎・中村純作（編）．(1998)．『英語コーパス言語学―基礎と実践』．研究社出版．

園田勝英．(1996)．『大学生用英語語彙表のための基礎的研究』言語文化部研究報告叢書7．北海道大学言語文化部．

大学英語教育学会基本語改訂委員会（編）．(2003)．『大学英語教育学会基本語リスト（JACET8000)』．大学英語教育学会．

鷹家秀史・須賀広（1998)．『実践コーパス言語学―英語教師のイ

ンターネット活用』．桐原ユニ．

望月正道．(1996)．「基礎からの語彙指導：単語テストの予告の効果」『現代英語教育』4月号，56-57．

望月正道．(1998)．「日本人学習者のための英語語彙サイズテスト」『語学教育研究所紀要』第12巻，27-53．

望月正道．(2002)．「Lex30の可能性：語連想は発表語彙を測定しているのか」第28回全国英語教育学会神戸研究大会自由研究発表．2002年8月23日．神戸大学．

八島　等．(2002)．「日本人高校生の語彙サイズ(2)」第26回関東甲信越英語教育学会千葉研究大会自由研究発表．2002年8月7日．和洋女子大学．

米山朝二．(2002)．『英語教育―実践から理論へ　改訂増補版』．松柏社．

米山朝二他（編）．(2003)．*Genius English Course I*．大修館書店．

■索引

アルファベット
AntConc 156
AWL (Academic Word List) 108
BNC (British National Corpus) 150-151, 158, 166, 172
COBUILD 160
GSL (General Service List of English Words) 108
ICAME 148-149, 151
JEFLL Corpus 148, 174
KWIC (Key Word In Context) 168
Lex 30 188
MonoConc Pro 154
tokens 4, 166
types 4, 166
type / token ratio 166
TXTNA Standard Edition 155
WordSmith 153-156, 166, 173

あ
暗喩 49
閾値レベル説 99
意図的学習 97
意味 44
web検索サービス 151
オーラル・イントロダクション 112
オンライン・コーパス 157

か
下位語 51
概念 48
学習英英辞典 145
学習語彙 170
学習者コーパス 177
カタカナ英語 141
カバー率 16
含意 50
キーワード分析 173
基礎語彙リスト 171
機能語 38
基本形 78
共下位語 56
共起関係 64
偶発的学習 76, 97
屈折形 78
検索ツール 152
語彙項目 9
語彙素 9
語彙頻度プロフィール 188
コーパス 145
コーパス言語学 146
コーパスの種類 146
語形 36
語知識スケール 195
語注 104
異なり語数 4, 166
語の構成要素 41
語連想スケール 195
コロケーション 62, 169
コンコーダンサー 152, 154-155
コンコーダンス 167

さ
再生 85
視覚化 122

視認語彙　39, 126
受容語彙　77
受容語彙能力　84
受容的語彙サイズテスト　181
使用域　66
上位語　51
小学館コーパス・ネットワーク　151
書記法　91
心的処理過程　98
信頼性　22
生活語彙　89
接辞　21, 78
接頭辞　42
接尾辞　42
全身反応教授法　122

た
妥当性　189
単語リスト　166
単語連想テスト　51
チェックリスト・テスト　181
直接教授法　122
綴り　38
同意語　51
同位語　51
統語的知識　78
統制的語彙サイズテスト　188
トップダウン　94
トピック語彙　174-175

な
内包　57
内容語　38
認知速度　130, 181

ネットワーク構築　72-73
延べ語数　4, 166

は
配置テスト　182
箱詰め　72
派生形　78
派生形換算　19
派生語　24
発表語彙　84
発表語彙能力　84
反意語　51
表出　85
品詞　91
品詞解析プログラム　171
品詞タグ　171
頻度　66
頻度の直感　110
複合語　21, 79
双子語　45
ふるいの連続　75
プレハブ　61

ま
目標準拠テスト　201
模倣　85

ら
ラベルづけ　71-72
理解　85
レベルズ・テスト　181
連想　51

わ
ワードファミリー　11, 80

■著者紹介

望月　正道（もちづき　まさみち）
東京都生まれ。
現在，麗澤大学外国語学部教授。
東京外国語大学外国語学部フランス語学科卒業，エセックス大学大学院 TEFL ディプローマ課程修了，エセックス大学大学院応用言語学修士課程修了。
主な著書に『英語語彙指導の実践アイディア集──活動例からテスト作成まで［CD-ROM付］』（共編著）大修館書店
主な論文に「日本人英語学習者のための語彙サイズテスト」『語学教育研究所紀要』第12号，27-53, "An affix acquisition order for EFL learners: an exploratory study" System, 28, 291-304.（共著）などがある。
［執筆分担　第1, 2章, 6章］

相澤　一美（あいざわ　かずみ）
栃木県生まれ。
現在，東京電機大学工学部教授。
宇都宮大学教育学部中学校教員養成課程英語科卒業，東京学芸大学大学院連合学校教育学研究科博士課程修了，博士（教育学）。
主な著書に『英語語彙習得論』（分担執筆）河源社，『英語ライティング論』（分担執筆）河源社，『英語語彙指導の実践アイディア集──活動例からテスト作成まで［CD-ROM付］』（共編著）大修館書店などがある。
［執筆分担　第3, 4章］

投野　由紀夫（とうの　ゆきお）
東京都生まれ。
現在，東京外国語大学大学院教授。
東京学芸大学教育学部中等教育教員養成課程英語科卒業，東京学芸大学大学院英語科教育専攻（英語科教育学）修了，東京学芸大学講師を経て，ランカスター大学言語学科博士課程修了，言語学博士（Ph.D）。
主な著書に，『英語語彙習得論』（編著）河源社，Corpus-Based Language Studies（共著）Routledge, Contemporary Corpus Linguistics（分担執筆）Continuum,『コーパス超入門』小学館,『日本人中高生1万人の英語コーパス』小学館などがある。
［執筆分担　第5章］

英語教育21世紀叢書

英語語彙の指導マニュアル
©M. Mochizuki, K. Aizawa, Y. Tono, 2003

NDC375／ix，244p／19cm

初版第1刷	2003年10月20日
第4刷	2010年9月1日

著者	望月正道／相澤一美／投野由紀夫
発行者	鈴木一行
発行所	株式会社 大修館書店

〒101-8466　東京都千代田区神田錦町3-24
電話03-3295-6231（販売部）　03-3294-2357（編集部）
振替00190-7-40504
[出版情報] http://www.taishukan.co.jp

装丁者	中村愼太郎
印刷所	文唱堂印刷
製本所	難波製本

ISBN978-4-469-24487-8　Printed in Japan

Ⓡ本書の全部または一部を無断で複写複製（コピー）することは，著作権法上での例外を除き禁じられています。